W0216238

J'ai connu l'enfer

De la Syrie des Assad
aux camps du Liban

Fayza D.

avec Djénane Kareh Tager

J'ai connu l'enfer

De la Syrie des Assad aux camps du Liban

PLON

www.plon.fr

© Éditions Plon, un département d'Édi8, 2013
12, avenue d'Italie
75013 Paris
Tél. : 01 44 16 09 00
Fax : 01 44 16 09 01
www.plon.fr

ISBN : 978-2-259-22255-6

Le Code de la propriété intellectuelle interdit les copies ou reproductions destinées à une utilisation collective. Toute représentation ou reproduction intégrale ou partielle faite par quelque procédé que ce soit, sans le consentement de l'auteur ou de ses ayants cause, est illicite et constitue une contrefaçon sanctionnée par les articles L 335-2 et suivants du Code de la propriété intellectuelle.

Préface

Elle est une parmi deux millions de Syriens contraints à l'exil pour fuir, non pas une « simple guerre », dit-elle, mais les exactions sanguinaires du régime des Assad qui, depuis des décennies, n'a jamais fait dans la dentelle. Elle est une « réfugiée » parmi d'autres. Elle abhorre ce mot, elle ne s'y reconnaît pas et déploie des trésors d'inventivité pour ne pas en avoir le « look » – je reprends ici son expression.

Son envie de vivre est presque intimidante. J'ai croisé Fayza dans les bureaux de l'association Sawa qui, à Baalbeck, au Liban, se dévoue pour la cause des enfants. En priorité, depuis quelques mois, des enfants de réfugiés syriens entassés sous des tentes, dans l'attente d'on ne sait trop quoi. Bien mise, la tête haute, légèrement maquillée, elle n'appartenait visiblement pas au peuple des « réfugiés » venus ici quémander un secours, une aide, un droit à survivre. Se renseignait-elle ou fournissait-elle des renseignements ? Le directeur de Sawa, Zaki Rifaï, un homme remarquable de dévouement, une mère Teresa au masculin, semblait bien la connaître. Son envie de vivre l'avait, lui aussi, presque intimidé.

Fayza (elle taira son nom de famille pour protéger les siens qui sont encore à Damas) a pourtant tout perdu. Elle connaît la faim, l'angoisse, la peur – de vieilles amies pour les Syriens qui n'appartiennent pas au cercle restreint des « proches du régime ». Son histoire personnelle s'entremêle étroitement avec celle de son pays. On s'habitue très lentement à son vocabulaire, à ce mot qui revient si souvent, *aadi*, que l'on peut traduire par « normalement » ou par « comme tout le monde ». « Quand ton père a été emprisonné, a-t-il été torturé ? – *Aadi.* » Comprendre par là quelques séances d'électricité et quelques coups ; rien à voir avec la « chambre aux rats » où les vrais rebelles sont crucifiés au sol, entaillés, et attendent que les rats viennent les dévorer vivants. « Avais-tu peur quand tu as participé aux premières manifestations ? » C'est encore *aadi* pour raconter le niqab derrière lequel elle s'était dissimulée afin ne pas être « fichée » par les sbires du régime et les services de renseignements : « Je n'avais pas peur de mourir, mais d'être arrêtée et emprisonnée avec de fortes chances d'être violée. Pour eux, c'est *aadi.* » Elle est musulmane, croyante : « Je prie, je jeûne, mais vous n'êtes pas obligés de “liker” mes prières et mon jeûne. » En fait, elle est profondément laïque, ce qui lui semble *aadi* aussi, en tout cas pour sa génération, formatée par Facebook, Tweeter et les réseaux sociaux.

Son témoignage est bouleversant. Au-delà de Fayza, c’est la terreur d’un pays qui se dévoile à nous.

D.K.T.

Prologue

J'ai dix-neuf ans et je suis vieille. Dans le petit miroir accroché au-dessus du lavabo, une jeune femme me regarde. Le léger hâle qui s'est fixé sur sa peau laiteuse ne dissimule pas son extrême pâleur. Le bâton de khôl s'approche de ses yeux clairs, balaye sa paupière inférieure, au ras des cils. Je me concentre sur le mouvement du bâton. Dans la glace, les yeux ont rougi. Une larme s'accroche à l'arête de mon nez, hésite à dégringoler. Une autre larme la repousse. Je ferme les yeux pour ne pas voir mes joues décharnées qui se zèbrent de rigoles noires. Le khôl s'est effacé.

J'ai dix-neuf ans et j'ai l'impression d'avoir vécu mille vies. Ma vie actuelle s'achèvera sans doute dans quelques jours. J'irai rôder dans la plaine qui s'ouvre sous ma fenêtre, Mohamed nous trouvera une tente dans laquelle nous abriter. Je rejoindrai les miens, ces centaines de milliers de « réfugiés » qui ont fui la Syrie et s'entassent sous un soleil brûlant, regrettant déjà le dard de ses rayons et se préparant à affronter un nouvel hiver sous la neige : le climat continental de la Bekaa n'est pas accueillant pour ceux qui ne possèdent plus rien. Les premiers temps, Hamouda aura très peur et se blottira contre moi, puis il s'habituera à notre nouvelle vie. On s'habitue toujours à tout, tant que l'on demeure en vie. J'ai lutté pour demeurer en vie. Il se terrera au fond de la tente comme il se terre au fond de cette chambre, il appuiera son front contre la toile comme il l'appuie contre le mur, et il pleurera en silence. Hamouda a douze ans, il a cent ans. Hamouda est mon petit frère mais il lui arrive de m'appeler « maman ». Et je l'ai entendu dire « papa » à Mohamed...

1

Zabadani

Je suis née à Zabadani, une petite bourgade à flanc de montagne, à une soixantaine de kilomètres de Damas. J'ai grandi dans l'entrelacs de ruelles qui délimitaient ses minuscules quartiers, chacun doté de son épicier, de son café, de ses habitudes. J'ai vu de nouveaux quartiers se construire en grignotant sur les champs alentour, quelques immeubles surgir, à l'écart de la vieille ville qui embaumait la douceur de l'Orient. Nos maisons à nous ne dépassaient pas les deux étages. Elles s'agglutinaient les unes contre les autres, comme pour mieux nous protéger. Nous nous connaissions tous.

C'était il y a longtemps, à une époque où les fausses religions n'existaient pas encore. J'appartenais à une famille musulmane, mais le fait d'être sunnite plutôt que chiite, alaouite ou druze n'était qu'un détail sans importance. Je savais que certaines de mes camarades étaient chrétiennes parce qu'elles ne jeûnaient pas le ramadan et allaient le dimanche à la messe, mais cela non plus n'avait aucune importance : nous parlions la même langue, écoutions les mêmes musiques, recevions la même éducation, et étions surveillées et grondées de la même manière par nos parents.

Nous n'étions pas riches, nous n'étions pas pauvres non plus. Du moins selon les critères syriens. Notre maison n'était pas très grande : papa, qui était fonctionnaire, avait loué trois pièces au deuxième et dernier étage d'une bâtisse peinte à la chaux blanche, mais nous avions la chance de disposer d'une vaste terrasse où, le printemps venu, nous passions l'essentiel de notre temps. Elle s'ouvrait sur le toit de la maison d'à côté où notre voisine étendait chaque jour des monceaux de linge tout frais lavé à la main et au savon d'Alep, ce toit donnait lui-même sur la terrasse de la maison suivante, mais j'avais interdiction de franchir la petite rambarde qui délimitait notre chez-nous. D'ailleurs, pourquoi l'aurais-je fait ? Nos portes et fenêtres étaient en permanence ouvertes, la confiance régnait entre voisins, et nul n'aurait eu l'idée saugrenue de franchir son territoire pour aller fouiner chez les autres – en tout cas sans passer par la porte d'entrée.

J'étais inséparable de Raghad, ma sœur, d'un an ma cadette. Hamouda était trop petit pour partager notre complicité, mais il nous suivait quand, l'été venu, nous nous dispersions dans les champs avec nos camarades. Haut comme trois pommes, il était déjà fiable : on l'emmenait avec nous dans la cabane que nous passions nos vacances à construire à l'abri des buissons, avec des bouts de branchages et de vieux morceaux de tissus, il nous aidait à récolter sur les trottoirs des caisses défoncées, en bois ou en carton, qui nous serviraient de chaises et deviendraient pour nous des trônes, il était très fier de partager avec nous le secret de notre cachette et n'aurait jamais été le révéler aux adultes. Mais chaque été, le même scénario se répétait : quand notre cabane était fin prête, la rentrée scolaire se profilait. Nos cabanes ne survivaient jamais à la rigueur des hivers de Zabadani. L'été suivant, nous repartions de zéro pour tout reconstruire avec un indéfectible entrain, persuadées que cette fois serait la bonne et que cette cabane-là survivrait au vent, à la pluie, et même à la neige. Ce fut toujours en vain...

J'étais une enfant sage, j'ai toujours entendu dire que j'étais très, voire trop mûre pour mon âge. Maman était persuadée que c'était le lot des aînés et, quand elle devait s'absenter, elle me confiait la garde des « petits ». Je l'aidais aux travaux ménagers et elle m'initiait (un tout petit peu) à la cuisine : c'était mon devoir. Dès que j'ai commencé à marcher, j'ai su qu'un « devoir » devait être accompli jusqu'au bout et de la meilleure manière possible. Cet apprentissage me fut très utile, en particulier à l'école.

Ah, l'école ! Nous n'avions pas beaucoup de moyens, et papa n'avait pas eu le choix : il nous avait tous les trois inscrits dans un établissement public, malgré l'état de délabrement de ce secteur dans mon pays. Il n'aurait pas pu subvenir aux frais de l'une de ces écoles privées, tenues pour certaines par des religieuses et fréquentées par l'élite syrienne. Je n'aimais pas l'école : je ne supportais pas d'être enfermée toute la journée dans une salle de classe, entassée avec d'autres élèves qui auraient été ailleurs si la scolarité n'était obligatoire, rabrouée par des enseignants qui nous criaient aux oreilles et n'hésitaient pas à lever la main sur nous, même sans raison. Ils avaient leurs chouchous qui n'étaient pas les élèves les plus sages ni les plus studieux, mais ceux qui avaient les plus beaux stylos et des habits jamais élimés. Il m'a fallu un peu de temps pour percer ce mystère mais, arrivée au CM2, j'avais fini par comprendre – et, du coup, par savoir que la vie est fondamentalement injuste.

Maman avait quitté l'école après le brevet, pour se marier. Elle conservait la nostalgie des diplômes qu'elle n'avait jamais décrochés. Papa n'avait pas suivi d'études supérieures : sa famille était pauvre, il avait sept frères et sœurs, il était l'aîné et avait commencé à travailler très jeune, soulageant ainsi ses parents d'une bouche supplémentaire à nourrir et leur envoyant même chaque mois un peu d'argent pour les aider à survivre. Il allait de soi, pour eux, que leurs trois enfants iraient à l'université. Etudier fut donc pour moi un « devoir » que je devais mener à bien. Je me forçais à aller en classe ; par contre, à la maison, j'avais du mal à m'arracher à mes leçons. Je m'enfermais dans une pièce, je lisais et relisais mes cours jusqu'à les apprendre par cœur, je tenais à être la première de la classe – et je l'étais. Raghad et Hamouda n'osaient pas m'interrompre lorsque j'étudiais, même quand il se faisait tard et qu'ils voulaient rentrer dormir dans la chambre que nous partagions tous les trois. Maman s'inquiétait parfois pour moi, et c'est en général papa qui finissait par surgir, réellement en colère, pour m'intimer l'ordre de les rejoindre et de m'aérer un peu l'esprit avant d'aller au lit. Ils ont été très fiers quand j'ai décroché mon brevet avec une médaille d'honneur : j'avais eu la quatrième meilleure note de tous les collèges de Syrie, y compris des collèges privés fréquentés par les enfants de riches.

Hormis les devoirs de classe, et malgré tous ses efforts, maman ne réussit pas à me faire prendre goût aux choses de l'intellect – qui, pour elle, étaient forcément la littérature et la poésie. Elle avait tenté de ruser pour me donner ce goût et, quand j'ai appris à lire et que j'avais de bonnes notes en classe, elle m'offrait un livre – en me précisant que ce cadeau venait de mon institutrice. Ravie d'avoir été distinguée, je le lisais de bout en bout, plutôt dix fois qu'une. Dès que ce stratagème a cessé de pouvoir fonctionner, j'ai abandonné la lecture-plaisir – dans laquelle je ne réussissais à trouver aucun plaisir. J'avais besoin de me dépenser, de courir, de bouger. Quel plaisir avait-on à rester immobile avec un livre ?

Papa travaillait dur, des semaines entières se passaient sans qu'on le voie ou à peine : certains soirs, quand il rentrait à la maison, nous dormions à poings fermés, seule maman l'attendait pour lui servir son dîner. En effet, comme la majorité des fonctionnaires de Syrie, il recevait un salaire de misère qui, aussitôt versé, était déjà dépensé pour assurer les frais courants : le loyer, l'eau, l'électricité. En Syrie, les administrations ferment leurs portes à 14 heures. Pour nous nourrir, papa cumulait donc chaque après-midi les petits boulots : il conduisait des camions et transportait des marchandises, se louait comme journalier pour remplacer au pied levé un ouvrier malade, s'engageait sur les chantiers qui se multipliaient sur les hauteurs de Zabadani, là où les riches Damascènes se faisaient bâtir des maisons secondaires pour fuir la touffeur de la capitale.

Je savais que papa souffrait mille humiliations pour assurer nos besoins les plus élémentaires. Mais cela me semblait normal : n'était-ce pas le cas de la plupart des papas de mes camarades ? Je le voyais baisser craintivement le regard quand une belle voiture s'aventurait dans les ruelles de Zabadani, nous houspiller pour lui céder le passage, nous forcer à avancer plus vite si elle faisait mine de s'arrêter. J'étais persuadée qu'il en était ainsi dans le monde entier : n'apprenait-on pas, à l'école, que nous vivions, grâce au parti Baas, le parti unique en Syrie, et à la dynastie Assad au pouvoir, dans un pays et dans des conditions que la planète entière nous enviait ? D'ailleurs, nous étions tous membres du Baas. A l'école primaire, aussitôt appris les rudiments de la lecture et de l'écriture, un imprimé nous était remis, et nous nous appliquions à le remplir : c'était notre formulaire d'adhésion aux Jeunesses baasistes. Par la suite, tout au long de la scolarité, « les principes du Baas », d'effroyables manuels de propagande éhontée, constituaient une matière à part entière, au même titre que les mathématiques ou la grammaire. Enfants, nous ne mettions pas plus en doute cet enseignement que celui des tables de multiplication : nous le prenions pour argent comptant. Nous retenions par cœur des extraits de la prose pompeuse et suffisante des discours du président Hafez Assad, nous apprenions à idolâtrer ce chef unique, la « révolution » qui l'avait amené au pouvoir en 1970 devenait pour nous une épopée digne de la mythologie grecque, et il ne faisait aucun doute que, sans lui, la Syrie aurait été depuis longtemps rayée de la carte par « l'ennemi israélien ». Notre devoir était d'aimer les Assad auxquels nous devions notre existence, notre gloire et notre dignité. Plus tard, en 2000, lorsque Bachar Assad remplaça son père à la tête du pays, quelques chapitres furent rapidement ajoutés aux manuels scolaires de propagande mais, dans le fond, rien n'avait changé.

Quand j'avais fini d'apprendre mes leçons, je demandais à mes parents de me les faire réciter, par acquit de conscience. Ils s'y pliaient de bonne grâce et, quand papa était là, il se portait volontaire avec enthousiasme. Les poésies, l'histoire, la géographie, tout y passait. Les « principes du Baas » aussi, qu'il m'écoutait ânonner, dissimulant parfois quelques grimaces qu'il attribuait aussitôt à des crampes à l'estomac. Une seule fois, il devait être fatigué ce soir-là, mon père envoya balader le livre, rageusement. Il se précipita ensuite pour le ramasser, s'excusant auprès de moi de son geste et me priant de n'en parler à quiconque, pas même à ma meilleure amie. Papa ne s'excusait jamais de rien, j'en avais été troublée. L'incident m'aurait semblé anodin s'il n'avait suscité en lui un tel émoi.

Ce livre envoyé en l'air m'a ouvert les yeux. J'avais onze ans, et je n'ai plus regardé mon père du même œil. J'ai commencé à remarquer que, lorsqu'il était à la maison à l'heure du journal télévisé et qu'il nous pensait tous absorbés par nos tâches, il laissait échapper des jurons en écoutant les discours officiels qui en formaient l'essentiel. Je ne lui ai plus demandé de baisser le son de la télévision qu'il haussait à tue-tête à l'heure de ce journal : je compris, dans une sorte de fulgurance, qu'il le faisait sciemment pour que le son s'échappe de nos fenêtres, parvienne chez nos voisins qui agissaient de même, couvre le bruit de la rue. Il le faisait pour que tout le monde sache qu'il écoutait le « bulletin officiel ». Je ne lui ai évidemment pas posé la moindre question, ni tenté la moindre explication : comme tous les enfants syriens, on m'avait, en même temps, appris à parler et à me taire. On m'avait dit : « Tu appartiens au Baas » et il allait de soi que je devais en être fière. La politique était le sujet tabou entre tous, et des mots comme « liberté » ou « démocratie » étaient rayés de nos lexiques : tout petits, nous savions déjà qu'il ne fallait pas les prononcer en public.

Papa n'était pas un opposant au sens que prendrait ce mot dans le reste du monde : il était trop craintif pour cela. Il en avait simplement ras-le-bol mais, dans notre pays, il n'en fallait pas plus pour être étiqueté « ennemi de l'intérieur ». Zabadani, comme n'importe quel coin de la Syrie, était truffée de *moukhabarat*, les hommes des services de renseignements de l'Etat. Ils étaient impossibles à reconnaître puisqu'ils appartenaient à la population : un marchand de quatre saisons, un gardien de chantier, même un clochard pouvaient être des *moukhabarat*. Je pense que la moitié de la population passait son temps à espionner l'autre moitié, avec d'autant plus d'enthousiasme que ceux qui rapportaient de quelconques « révélations », vraies ou fausses, pouvaient aspirer à de menues gratifications. C'est en Syrie que l'expression « les murs ont des oreilles » prenait pleinement son sens : un frère pouvait dénoncer son frère, une femme son mari, un enfant son père. On la traduisait, chez nous, de manière plus anodine : « "Ils" savent combien de concombres tu as dans ton frigo », disait-on sans jamais s'attarder sur l'identité des « ils ». Et l'on allait manifester bruyamment son enthousiasme quand la population était conviée à descendre dans les rues pour accueillir un quelconque hôte de passage, devant les caméras de la télévision publique.

La Syrie était officiellement le paradis socialiste ; j'ai compris, à quatorze ans, que c'était un enfer. Maman devait subir une opération chirurgicale anodine, papa en tremblait de tous ses membres. Lui qui avait horreur de la vue du sang se prenait à imaginer des stratagèmes pour assister à l'intervention. Il se renseignait sur la dimension exacte de la cicatrice et sur son emplacement précis, devint un expert en matière de fibromes de l'utérus et je crois bien qu'il finit par en savoir bien plus sur le sujet que le chirurgien lui-même. Je m'étonnais de tant d'acharnement et j'en pris peur. Je finis par fondre en larmes en lui demandant : « Maman va-t-elle mourir ? » En avait-il trop sur le cœur ? Nous étions seuls à la maison, il me saisit par les deux épaules, me regarda dans les yeux. A voix très basse, en chuchotant presque, il me dit sa terreur : « Ce n'est pas le fibrome qui m'effraye, mais la salle d'opération. » Sans reprendre son souffle, il me raconta les trafics d'organes, son frère entré à l'hôpital pour une vulgaire appendicectomie et sorti avec un rein en moins, son meilleur ami mort faute de défibrillateur – ceux qui se trouvaient en salle de réanimation avaient été volés par un personnel qui cherchait sans doute à boucler ses fins de mois et ils n'avaient pas encore été remplacés. Il me raconta les salaires de misère des fonctionnaires, des médecins, des infirmiers, me dit sa compassion mêlée de dégoût pour ceux qui se livraient à de tels crimes, qui y étaient acculés parce qu'ils n'avaient pas le choix. Il ne s'arrêtait plus de parler. Dans un rictus, il me demanda pourquoi je n'étais pas étonnée d'avoir des notes moyennes à l'école, même si elles étaient supérieures à celles des autres élèves, alors que je connaissais mes leçons sur le bout des doigts. « Si tu n'avais pas été aussi brillante, tu aurais redoublé tes classes plusieurs fois. Les enseignants notent les devoirs selon les enveloppes que leur remettent les parents. Tu n'as pas remarqué que les médailles d'honneur et les prix de fin d'année ne vont pas aux plus fortes ni aux plus intelligentes ? Y ont droit celles qui, parmi tes camarades, prennent ce que l'on appelle des leçons particulières. C'est le nom que l'on donne aux enveloppes. » J'ai pensé qu'il en était ainsi dans le monde entier. L'injustice ne pouvait pas être syrienne, elle se devait d'être humaine.

Les histoires les plus sordides ont surgi après la révolution, quand ceux qui avaient côtoyé le régime de près se sont mis à parler. Ce qui n'était que soupçons a été étayé par des preuves, par des noms. Les jeunes filles enlevées dans la rue parce qu'elles avaient été repérées et convoitées par l'un ou l'autre des membres de la dynastie Assad ; les pénuries délibérément organisées et les salaires de misère voulus parce qu'un peuple qui a faim est trop occupé par sa survie pour se mêler de politique ; les dénonciations arbitraires et sans aucun fondement ; la prison pour quiconque laissait poindre le moindre soupçon de malaise ou d'insatisfaction. Comme tous les adultes qui « savaient », papa se taisait. Parler aurait signé sa mort

2

Mohamed

A treize ans, j'ai abandonné en même temps mes poupées et les jeux dans les champs environnant notre petite bourgade. Avec mes amies, nous préférions passer des heures à discuter. Je ne sais pas comment nous réussissions à meubler tout ce temps en ayant toujours des choses à nous raconter ! Nous adorions aussi aller « en ville », c'est-à-dire dans la rue principale de Zabadani où se concentrait le souk, pour des après-midi de lèche-vitrines. L'une de nous achetait parfois une petite breloque longuement négociée – avec les parents pour avoir quelques sous, avec le marchand pour qu'il ajuste son prix à ces quelques sous. Nous comparions les robes des étals avec celles que portaient les chanteuses et les actrices arabes en vogue, nous ricanions crânement devant les garçons qui nous zyeutaient – et nous nous enfermions ensuite chez l'une ou chez l'autre pour nous livrer à des commentaires innocents mais qui nous faisaient monter le rose aux joues. Il n'était évidemment pas question de leur adresser la parole, même si nous avions partagé les mêmes jeux quand nous étions enfants : la société syrienne est très conservatrice, et vient un âge, fort précoce, où garçons et filles commencent à appartenir à deux mondes étanches.

Nous n'étions pas plus conservateurs que d'autres, mes parents étaient même « libérés » en comparaison avec ceux de certaines de mes camarades. Même si nous étions profondément croyants, il n'était pas question, chez nous, d'écouter le Coran ou des prêches en boucle, une pratique qui commençait à se répandre dans tout le pays : papa et maman étaient férus de musique classique arabe, et ce sont les chansons d'amour d'Oum Kalthoum ou de Feyrouz qui égayaient nos soirées, quand nous fumions le narguilé sur notre terrasse et que des voisins venaient partager un thé avec nous pour échanger des blagues ou regarder une comédie à la télévision. Pendant le mois de ramadan, ces soirées s'étiraient jusqu'à l'aube, nous les achevions avec des galettes de thym qui nous calaient jusqu'au soir, nous grignotions encore quelques douceurs, les femmes échangeaient des recettes de cuisine et des tours de main, les hommes faisaient semblant de ne pas les écouter, mais je me doutais, à leurs regards, qu'ils se pourléchaient déjà les babines.

Maman n'avait jamais travaillé. A certaines de ses réflexions, je sentais qu'elle enviait sa cadette qui avait poussé les études jusqu'à l'université, avait même obtenu une bourse pour parfaire son anglais à l'Ecole américaine, et était devenue journaliste – un métier qu'elle continue d'exercer. Maman n'avait pas achevé l'école, mais elle lisait beaucoup – de tout, et surtout les livres de classe et les dictionnaires anglais dont sa sœur s'était débarrassée en les entreposant chez nous. Papa lui avait offert quelques cassettes qu'elle écoutait inlassablement sur notre vieux magnétophone et, à force, elle avait fini par parler anglais couramment. C'est à cette époque qu'elle entreprit de donner quelques cours particuliers de langue anglaise pour arrondir nos fins de mois : elle était très patiente, fort pédagogue, elle était surtout l'une des rares à parler l'anglais à Zabadani, langue que nous étions supposés apprendre à l'école, mais qui était souvent zappée du programme faute d'enseignants compétents. Avant les examens officiels de fin d'année, indispensables pour passer dans la classe supérieure, les familles se serraient la ceinture pour offrir quelques cours à leurs enfants, histoire d'éviter, au moins, le zéro éliminatoire. Maman s'était vite forgé une excellente réputation dans ce domaine et les élèves venaient nombreux chez elle.

A quinze ans, pour imiter mes camarades, j'ai commencé à porter le foulard. Ma tante journaliste, qui avait toujours été cheveux au vent, grimaça en me voyant. Elle avait un temps été tentée par le voile avant de l'enlever – un geste très audacieux qui lui avait valu d'être mise à l'écart de son cercle d'amis, telle une pestiférée, et qu'elle aurait payé le prix fort sans le soutien de sa propre famille, en particulier de sa mère, ma grand-mère. Ma mère m'a laissée faire : elle s'était voilée au moment de ses fiançailles, à la demande de mon père dont la famille, fort traditionaliste, avait fait de ce bout de chiffon sur la tête une condition *sine qua non* pour consentir à leur union. A son époque, les filles qui se voilaient n'étaient pas majoritaires dans les rues – et le port du voile était même mal vu, voire interdit dans les écoles et les administrations. Au début des années 1990, quand cette pratique a commencé à se répandre dans les villes (en France, ce furent les premières « affaires de voile » dans les écoles), le régime baasiste opta pour un assouplissement de la loi, histoire de se prémunir contre toute velléité de révolte populaire. Cette maigre consolation lui a, en effet, offert plusieurs années de répit.

Mon père avait pris la peine de me féliciter pour ce foulard qui, à vrai dire, ne changea rien pour moi – ni pour mes camarades qui s'étaient, elles aussi, voilées. On continuait à passer des heures à discuter, à aller faire les boutiques, à nous enticher de telle chanteuse ou de tel acteur, et à commenter les regards que posaient sur nous les garçons avec une insistance que nos voiles n'avaient pas amoindrie. J'essayais de pousser la chansonnette et, de l'avis de mes proches, j'avais une jolie voix. Encouragée par maman, je me lançai dans le répertoire classique qui avait bercé mon enfance. Le soir, papa aimait m'écouter chanter.

Mohamed m'aborda un jour dans la boutique qu'il tenait. C'était un magasin d'habillement devant lequel nous nous arrêtions souvent, mes amies et moi, pendant nos après-midi de lèche-vitrines. Nous en avions même poussé la porte, une fois ou l'autre, pour quelques achats, et ce vendeur se montrait toujours fort aimable avec nous, dépliant sa marchandise et nous dévoilant ses trésors tout en sachant que nous n'aurions sans doute pas les moyens de nous les payer. Il se présenta à moi, m'apprit qu'il était copropriétaire de l'établissement puis, sans crier gare, il me dit qu'il m'observait depuis trois ans mais n'osait m'aborder. Il m'avait suivie à deux reprises, connaissait mon nom et mon adresse, avait repéré mes parents et savait même qui étaient mes meilleures amies, celles chez qui je me rendais le plus souvent. Il me dit qu'il avait dix-huit ans, mais il en paraissait bien plus. J'avais moi-même seize ans, je n'avais jamais fréquenté de garçons, et je fus d'abord prise de panique. Que me voulait cet inconnu ? Mohamed me dévorait des yeux, il dut lire l'inquiétude sur mon visage et s'emballa aussitôt : « Je ne te veux pas de mal, je suis juste amoureux de toi. Je suis un jeune homme sérieux, je veux t'épouser. Veux-tu te marier avec moi ? » Cette situation était surréaliste, je tombais des nues. Sans hausser la voix, pour ne pas alerter les autres clientes, je lui ai rétorqué assez sèchement qu'il m'était tout simplement impossible de dire « oui » à un homme que je ne connaissais pas : mon mari, je le choisirais, quelles qu'en soient les difficultés dans notre société conservatrice où la plupart des mariages restaient arrangés par les familles.

Je suis sortie de la boutique en me promettant de ne plus jamais y remettre les pieds. Pourtant, le lendemain, après l'école, je suis revenue. Le surlendemain aussi. Mohamed faisait semblant de me montrer des pulls, des écharpes, des ceintures et que sais-je encore. Je faisais semblant de les toucher, de les comparer. Il me racontait son assiduité pendant les trois ans écoulés, j'en étais éberluée : il était capable de décrire, par le menu, certaines de mes robes que j'avais moi-même oubliées ! Je me laissai séduire par sa gentillesse, sa courtoisie. Il était grand, costaud, j'étais menue en face de lui et je devais lever la tête pour le regarder. Il se penchait alors sur le comptoir, plongeait ses yeux dans les miens. Dieu, qu'ils étaient doux, ses yeux !

Nous avons pris l'habitude de nous isoler dans la mezzanine de la boutique : nous n'avions pas beaucoup plus d'intimité qu'à l'étage inférieur, mais nous n'en avions pas besoin. Il allait de soi que notre relation ne pouvait franchir le stade de la parole et Mohamed était aussi sourcilleux que moi sur les règles des convenances sociales. Nos rencontres étaient déjà une telle transgression ! Mes amies m'accompagnaient pour me servir de couverture, rentraient avec moi dans la boutique, revenaient me chercher une demi-heure plus tard. Dans notre bourgade, les rumeurs couraient vite, et si j'entrais seule dans ce magasin, aussi fréquemment et avec une telle ponctualité, une bonne âme aurait vite fait de prévenir mes parents. Quoique « libérés », ils restaient chatouilleux sur les questions d'honneur : une fille ne parle pas avec un inconnu...

Mohamed voulait tout savoir de moi, de ma vie, de mes envies, il lui arrivait de me gronder quand je n'avais pas une bonne note à l'école, de refuser de me voir la veille d'un examen si je n'étais pas suffisamment préparée, de me rappeler l'importance des études pour mon avenir. De me bouder même, le jour où j'avais loupé une rédaction. Lui-même avait commencé à travailler très tôt, à l'âge de treize ans, tout en continuant à aller à l'école. Il avait exercé toutes sortes de métiers, avait réussi à économiser quelques sous, avait importé un premier lot de vêtements de Turquie, les avait tous vendus, avait persévéré dans ce filon, puis s'était associé au propriétaire d'un magasin inutilisé et, ensemble, ils avaient ouvert cette boutique bien approvisionnée et fort courue par les femmes de Zabadani. Quand je l'ai connu, Mohamed avait interrompu ses études : pour continuer à les mener de front avec son travail, il aurait dû s'inscrire à un cours privé, mais ceux-ci étaient hors de prix. Cependant, il me parlait encore de son rêve : aller à l'université, devenir ingénieur.

Chaque soir, il m'appelait sur le téléphone portable que papa m'avait offert. Ce sont ces coups de fil qui ont mis la puce à l'oreille de maman. Elle me voyait me mettre à l'écart, chuchoter, rougir, sourire sans doute béatement : j'étais amoureuse, lui aussi. Je craignais sa réaction, sa mansuétude m'a surprise. Bien sûr, maman a commencé par me gronder : à seize ans, on se préoccupe de ses études, pas de ses amours, me dit-elle. Elle m'a menacée de tout raconter à papa qui transformerait ma vie en enfer, la sienne aussi. Elle s'est montrée plus indulgente quand je lui dévoilai l'identité de mon amoureux : maman connaissait Mohamed pour avoir plusieurs fois fréquenté sa boutique et elle louait volontiers le sérieux de ce jeune homme et son infinie patience avec ses clientes. J'ai su faire vibrer une fibre sensible dans son cœur : maman n'était pas beaucoup plus vieille que moi quand elle avait croisé papa dans les rues de Zabadani, était tombée amoureuse de ce joli garçon, et avait imposé ce mariage d'amour à sa famille qui, c'est normal, prévoyait pour elle une union arrangée avec un lointain cousin. Bien sûr, elle ne m'encouragea jamais à poursuivre mon manège, mais elle a fermé les yeux. Enfin, à moitié : je savais qu'elle me surveillait de près, et sans doute menait-elle des investigations discrètes pour se tenir au courant des développements de notre relation. Elle n'avait pas besoin de me mettre en garde contre d'éventuelles « bêtises » : dans notre société, il aurait été impensable d'échanger, ne serait-ce qu'un baiser, avant que notre relation soit officialisée.

Je connaissais Mohamed depuis quelques semaines quand papa a disparu. Papa était un fonctionnaire sans histoires, trop peureux pour se lancer dans la moindre activité contestataire. Même sa fréquentation de la mosquée se faisait peu assidue, non en raison d'un manque de foi, mais pour ne pas éveiller les soupçons des sbires du régime qui auraient pu le croire proche des islamistes, ce qui n'était pas du tout le cas. En Syrie, on se méfie de tout, même de son ombre. Dans notre bourgade, comme dans toutes les villes et jusqu'au moindre hameau, les arrestations intempestives étaient monnaie courante : à Zabadani, pas une année ne se passait sans qu'une dizaine ou une vingtaine de jeunes gens soient raflés sous n'importe quel prétexte, et parfois sans aucun prétexte, sinon celui d'entretenir la terreur et de mettre en garde quiconque envisagerait de soutenir une pensée non conforme à la doctrine baasiste – dont personne ne saurait dire en quoi elle consiste, sinon en l'idolâtrie de la dynastie Assad, Hafez quand il était au pouvoir, Bachar quand il lui a succédé. Nous avions suivi les déboires de notre voisine dont le fils avait été emprisonné parce qu'accusé d'être « porteur de la pensée islamiste ». Il lui avait fallu deux ans d'efforts, de pleurs, de pistons, d'enveloppes bien garnies pour que le jeune homme soit relâché. Le prêtre de la paroisse était intervenu, l'évêque avait remué la terre et le ciel pour obtenir gain de cause : ce jeune homme « islamiste » appartenait à une famille chrétienne, il était lui-même chrétien... et se destinait à la prêtrise. Un ami de Mohamed a eu moins de chance : il a été arrêté il y a cinq ans, sous le même chef d'inculpation que le fils de notre voisine. Mais aucun prêtre, aucun évêque n'est venu à son secours. Aucun imam non plus : ce jeune homme accusé d'islamisme était certes musulman, mais il ne fréquentait aucune mosquée. En fait, il ne priait jamais. Je pense même qu'il n'était pas croyant, même s'il n'osait pas le dire : chez nous, les athées n'existent pas.

Papa, lui, a été convoqué au commissariat principal de Damas, pour une raison qui ne lui avait pas été donnée. Il se savait blanc comme neige, mais n'était tout de même pas rassuré.

Seule maman avait été mise au courant par lui et, dès le milieu de l'après-midi, elle nous avait semblé assez nerveuse, elle qui était toujours d'un calme olympien. Le soir, papa n'était pas revenu. Elle s'est assise à table avec nous pour dîner, mais elle n'a pu rien avaler, prétextant deux kilos de trop qu'elle s'était juré de perdre. On connaissait maman soucieuse de sa ligne, de sa forme, elle fréquentait la salle de gym à proximité de la maison, mais elle ne s'était jamais lancée dans un régime et n'en avait pas besoin. J'ai dormi cette nuit-là en soupçonnant une nouvelle fâcherie entre mes parents. Papa était un homme nerveux, certains jours, il laissait exploser sa colère sans autre motif qu'un grain de poussière repéré sur un meuble, je l'avais même vu lever la main sur ma mère, mais ne m'avait-on pas expliqué qu'il en est ainsi dans tous les couples ? J'avais malgré tout peur de lui.

Le lendemain, papa n'était toujours pas là. Maman nous dit qu'il était en voyage. Je m'en étonnais quand même : il n'était pas dans ses habitudes de s'éloigner sans nous prévenir ! Quatre jours plus tard, maman était devenue une boule de nerfs et la rumeur a commencé à enfler à Zabadani : papa avait été arrêté, en même temps que quatre ou cinq autres fonctionnaires. On en ignorait la raison, mais en Syrie, il n'est pas nécessaire d'avoir une bonne raison pour jeter des citoyens en prison : on les enferme, un point c'est tout. Quand maman m'a confirmé la rumeur, j'ai fondu en larmes, je me suis jetée dans ses bras. Ce soir-là, je n'ai pas décroché quand Mohamed a appelé : j'étais incapable d'articuler deux mots de suite. Le matin, avant d'aller à l'école, j'ai poussé la porte de sa boutique. Je lui ai fait promettre de faire attention, de rester avec moi. Il m'a souri tristement. Si les convenances l'avaient permis, il m'aurait serrée contre lui...

Papa est revenu trois mois et demi plus tard. Je peine à appeler « papa » ce spectre qui était debout devant la porte, hésitant à franchir le seuil. Lui, d'habitude si coquet, était dépenaillé et hagard. Il avait le regard fixe, les lèvres entrouvertes comme s'il cherchait un peu d'air pour respirer. Il n'a pas dit un mot. Il a passé cinq jours sans parler. Au sixième, une voix rauque s'est échappée de sa gorge, il lui a fallu plusieurs semaines pour recouvrer l'usage de la parole. J'ai su, bien plus tard, qu'au cours de sa détention il avait perdu la voix à force de crier. Il criait sous la torture. Il aurait été prêt à tout avouer, mais il n'avait rien à avouer. Et moins il parlait, plus il subissait de sévices. Depuis ce jour, papa n'a plus porté de short à la maison, ni de chemisette à manches courtes pour sortir : je ne l'ai plus vu qu'en pantalons et en chemises à manches, le col toujours boutonné. Une fois, une seule, j'ai entrevu le bas de sa jambe : il ne m'avait pas entendue entrer dans sa chambre et avait soulevé son pantalon pour enfiler une chaussette. Cette jambe-là était bleue. Je m'en étais ouverte à Mohamed qui avait d'abord évité de me répondre avant de céder à mon insistance : « Il a sans doute été torturé à l'électricité. Les marques disparaîtront, mais il leur faut un peu de temps. Ne pose plus de questions à ton père : il a été torturé et son corps ne doit pas être bien beau à voir. »

Après sa libération, nous avons cherché à connaître les motifs de son arrestation. En vain : ils ne figuraient nulle part. Papa n'avait été déféré devant aucun juge, aucun tribunal, aucun chef d'inculpation ne pesait sur lui. On nous fit bientôt savoir qu'il valait mieux mettre un terme à nos investigations. C'était, paraît-il, à la police de mener l'enquête. Mais quelle enquête, puisque c'est la police qui l'avait arrêté ? Mohamed, habituellement très discret, a pris contact avec ma mère et l'a suppliée, pour notre sécurité à tous, de tourner la page sans chercher à comprendre le pourquoi ou le comment de cette arrestation. « Le régime est nerveux », lui dit-il.

Pendant la détention de papa, il avait lui-même reçu une mise en garde. Il se trouvait alors dans la toute petite mosquée qui jouxte sa boutique. L'heure de la prière s'était achevée quand, sa dernière cliente partie, il a eu envie de se recueillir quelques instants, seul dans le silence. Il s'était assis sur un tapis, tournant le dos à la porte. Peu après, il avait entendu les freins d'une voiture crisser dans la rue – ce qui n'est jamais bon signe dans mon pays. Plongé dans sa méditation, il ne s'était pas retourné. Un individu était entré dans la mosquée, s'était assis derrière lui et lui avait chuchoté : « Mohamed, regarde devant toi et écoute-moi bien. J'ai une seule chose à te dire : fais attention. » Mohamed avait d'abord cru à une blague. En sortant de la mosquée, il s'était arrêté chez le vieil épicier qui se tenait sur le pas de sa porte et qu'il connaissait depuis toujours. Mais cette fois, l'épicier ne l'avait pas accueilli avec son enthousiasme habituel. Il s'était lourdement levé de son tabouret et, avant de s'engouffrer dans son épicerie, lui avait soufflé : « Va te raser. » Mohamed portait une barbe de trois jours, très à la mode en Occident, mais interdite chez nous aux jeunes gens, les contrevenants étant automatiquement soupçonnés d'être « porteurs de la pensée islamiste » ; seuls les hommes âgés avaient « droit » à une barbe de quelques centimètres. Nul ne donnait cher de la peau des « vrais » barbus. Mohamed s'était aussitôt rasé, sans se poser de questions. Une semaine plus tard, tout juste remis de ses émotions, le vieil épicier lui raconta que, ce jour-là, c'est une voiture du redoutable service de la sécurité de l'Etat qui s'était arrêtée devant l'épicerie. Un homme en armes en était descendu pour s'engouffrer dans la mosquée, en réalité une pièce de quelques mètres carrés que l'on nomme plutôt « lieu de prière », et il était remonté en voiture trente secondes plus tard. Le temps d'adresser son message à l'homme que j'aimais. Par la porte, toujours ouverte, l'épicier avait observé la scène. Depuis ce jour, Mohamed avait cessé de se rendre à la mosquée. Et il se rasait scrupuleusement chaque matin. Il n'a pas cherché à savoir ce qui lui était reproché. Chez nous, une telle question aurait été incongrue. Voilà pourquoi le peuple syrien s'est soulevé.

3

Sous mon niqab

En décembre 2010, les Tunisiens sont descendus dans la rue pour crier à leur dictateur : « Dégage ! » Un mois plus tard, le président Ben Ali dégageait. En janvier 2011, les Egyptiens leur ont emboîté le pas ; il ne leur a pas fallu plus longtemps pour se débarrasser du président Moubarak. En mars 2011, le peuple syrien se soulevait à son tour, d'abord à Deraa, une ville frontalière de la Jordanie, où les manifestations furent sauvagement réprimées. Deraa a été notre fanion. Les habitants de Douma ont été les premiers à exprimer leur solidarité avec Deraa la martyre. Zabadani, que les autorités avaient toujours eu à l'œil, a aussitôt suivi.

Dans notre petite bourgade, ce sont les intellectuels qui se sont d'abord soulevés. Zabadani était une ville blessée. Etranglée par l'omniprésence des services de renseignements. Endeuillée et pleurant la mort de tous ceux qui y avaient été arrêtés de manière arbitraire, qui avaient eu moins de baraka que papa et n'étaient jamais revenus des geôles du régime – ceux que l'on appelle « les disparus ». Terrorisée par la sordide « sécurité de l'Etat » qui ne protégeait pas l'Etat, mais une poignée de privilégiés. Affamée par ceux-là qui venaient la narguer dans leurs grosses berlines pour lui dire la chance qu'elle avait de vivre sous le régime des Assad, appelé le régime du Baas. Dégoûtée de devoir néanmoins s'incliner devant eux pour chanter leur gloire, sous peine d'être accusée de trahison et d'en périr comme d'autres avant elle, comme la triste ville de Hama, décimée en 1982 pour « insubordination ».

Nous sommes descendus sans armes dans la rue. Quand il a vu ses avocats, ses poètes, ses médecins, ses ingénieurs, le peuple tout entier les a suivis pour exprimer son ras-le-bol et dire : « Dégage ! » Les lycéens et même les collégiens, les petits boutiquiers et les journaliers sur les chantiers, ils sont tous descendus, de manière pacifique, clamer leur besoin de réformes et, au-delà de ce besoin, leur envie de vivre. Même les femmes, grande première dans notre pays, ont participé à cet acte politique sacrilège qui consistait à dire « non ».

Dès la première manifestation, les hommes de la sécurité de l'Etat, déployés en permanence chez nous comme ailleurs, se sont jetés sur la foule avec des bâtons, des gourdins, ils ont tabassé les manifestants tant qu'ils le pouvaient et quand ces derniers se sont dispersés, ils en ont arrêté quelques-uns et laissé les autres repartir, avec le goût du devoir accompli. A la deuxième manifestation, qu'ils ont perçue comme un défi suprême, ils ont ouvert le feu. Nous avons contre-attaqué avec nos mains nues, ils nous ont haïs. Nous avons enterré nos morts, soigné nos blessés, et nous sommes redescendus dans la rue.

Je n'aurais pas parié un kopeck sur nos enseignants que je voyais comme l'incarnation de la corruption, ils ont pourtant été, à ma grande surprise, des porte-drapeaux de ce mouvement. Il leur a été interdit de déserter leurs établissements ; ils se sont donc mis en grève et sont sortis sur la grande place. Ce sont eux qui criaient sans doute le plus fort. Leurs cris me disaient leur détresse que je n'avais pas comprise jusque-là et que je me contentais d'appeler cupidité. S'ils nous demandaient avec tant d'insistance des « enveloppes » et monnayaient les notes à la hauteur des cours particuliers que nos parents leur payaient, n'était-ce pas uniquement parce qu'ils avaient faim ? Nous nous sommes côtoyés sur la grande place. J'ai compris que leurs salaires n'étaient pas supérieurs à celui de mon père. Quelques livres syriennes qui se volatilisaient en une semaine ; ils avaient faim, ils n'avaient pas d'autre choix que de tendre la main s'ils voulaient survivre le reste du mois.

Avec mes camarades, j'ai participé à toutes les manifestations, ou presque. Au début, je n'ai pas osé en parler à papa. Il avait été libéré quatre mois plus tôt, portait encore les séquelles des tortures qu'il avait subies, on le voyait grimacer de douleur quand il exigeait quelque effort de son épaule droite, et il ne dissimulait plus les pots de crème et les pansements avec lesquels il tentait vainement d'apaiser les cicatrices encore suintantes sur ses jambes et sur son dos. Il n'avait pas été voir un médecin à son retour parmi nous : son salaire avait été suspendu le temps de son arrestation, et il n'avait pas les moyens d'une « enveloppe », d'autant plus conséquente qu'il s'agissait de soigner la preuve des tortures infligées dans les geôles de l'Etat. Et cela était interdit. Le fonctionnaire craintif qu'il était avant son arrestation s'était mué en un être paralysé par la terreur. Il avait abandonné les petits boulots qu'il cumulait auparavant, ne sortait de la maison que pour rejoindre son bureau où il se terrait jusqu'à 14 heures, quand il revenait s'enfermer dans sa chambre. Il ne se hasardait plus que rarement sur notre terrasse, et la peur le rendait méchant.

Je devais d'abord me cacher de papa, mais la plus élémentaire des prudences exigeait aussi que je dissimule mon identité aux services de sécurité. J'ai donc choisi la solution la plus évidente : me cacher sous un niqab, un voile intégral. Nous, les filles, n'avions pas peur de manifester, nous n'avions pas peur de mourir, mais nous étions tétanisées par la perspective d'être arrêtées. Des échos nous étaient parvenus de ce qu'il advenait aux femmes, aux jeunes filles, aux fillettes sur lesquelles s'abattaient les sbires du régime, leur infligeant durant deux, trois jours, la pire des humiliations que peut subir une Syrienne : le viol qui la déshonore pour toujours, y compris aux yeux de sa propre famille.

En dépit de cette menace qui planait sur nous, nous étions de plus en plus nombreuses, sous nos niqabs. Mohamed ne manquait, lui non plus, aucune manifestation, et il nous arrivait souvent, grâce à l'anonymat que m'offrait ma tente ambulante, de nous retrouver côte à côte, serrés, pour la première fois, l'un contre l'autre. Sa voix puissante dépassait les autres voix. Il criait sa rage, il criait sa honte. Il se vengeait d'avoir été interdit de mosquée en hurlant : «*Allah akbar*», Dieu est grand. Il «oublia» même de se raser pendant quelques jours, et il arborait sa barbe naissante comme un trophée de guerre, comme une revanche sur toutes les humiliations endurées. Sa boutique était fermée, comme tous les autres commerces. Mais qui se préoccupait de commercer alors que nous pouvions entrevoir, au bout du chemin, la lueur de la liberté ? Je ne m'étais jamais préoccupée de politique. La politique devint mon unique centre d'intérêt.

Toute la ville descendait manifester, et papa finit par se rendre à l'évidence : c'est dans la rue que ma sœur et moi passions l'essentiel de nos journées. Nous avions sa bénédiction implicite, et il en fut d'autant plus bouleversé le jour où je suis revenue à la maison plus tôt que d'habitude, les yeux bouffis de larmes. Il n'osait pas m'interroger : il craignait d'entendre la réponse que je lui ferais, il fixait mes bras, mes joues à la recherche de traces de coups, me scrutait pour détecter une quelconque boiterie, une éventuelle contusion. Je pleurais et ne disais rien. Car je n'aurais pas pu lui dire la vérité : Mohamed venait d'être arrêté sous mes yeux, et mon père ignorait tout de ma liaison avec lui.

Je passais les pires journées de mon existence. Bien pires que celles que je traverse aujourd'hui. Je vivais les yeux braqués sur mon téléphone, ma peine était d'autant plus lourde que je ne pouvais la partager avec personne, hormis ma sœur. Quand je tentai d'en parler à l'une de mes copines, l'une de celles qui couvraient mes visites à la boutique, sa réponse m'est venue comme un coup de fouet : « Tu es jolie fille, tu n'as que dix-sept ans, au pire des cas, tu trouveras un autre fiancé. »

Au quatrième jour, Mohamed m'a appelée. Il lui a fallu des mois avant de réussir à me raconter l'intégralité de son séjour en enfer. « Je vais bien, je t'aime, je veux t'épouser. Je dois aller tout de suite demander ta main à ton père. Prépare le terrain. » Tels ont été ses premiers mots, au téléphone. Je l'ai revu le soir même. Son regard avait changé. La douceur avait disparu de ses yeux, laissant place à une expression dure que je ne lui avais jamais connue. Il souriait, mais son sourire ne venait plus que de ses lèvres. Sa démarche était étrange : il avançait les jambes écartées, lentement, précautionneusement. Il me dit, comme une banalité, ce qu'il en était : « Ils m'ont inondé les cuisses d'eau tiède, puis m'ont passé de l'électricité sur leur face interne. » De l'eau tiède ? « Oui, pour que la séance soit plus douloureuse. Nous étions nombreux, tu sais. Ils n'avaient pas de temps à perdre avec chacun de nous. »

Mohamed a échappé à un interrogatoire en bonne et due forme. Au commissariat où il a d'abord été conduit, un homme dépenaillé et éructant lui a récité les slogans qu'il avait scandés pendant les manifestations, ponctuant ses propos de chapelets d'injures et de quelques coups de matraque sur le ventre et le dos. « Nous t'avons filmé, nous conservons cette vidéo. La prochaine fois... » Pour cette première fois-là, hormis ces coups et deux ou trois séances d'électricité, Mohamed séjourna en prison en spectateur, pour avoir un avant-goût de ce qui pourrait l'attendre, afin qu'il aille le raconter autour de lui et dissuade quiconque de persévérer dans la « déviance ». Il vécut les conditions habituelles de détention dans les geôles de notre régime, plusieurs dizaines de prisonniers entassés dans une pièce exiguë, tellement exiguë qu'ils devaient se relayer pour dormir à même le sol, une moitié des « pensionnaires » restant debout tandis que l'autre moitié se pelotonnait pour occuper le moins de place possible. « Au bout de deux ou trois heures, ceux qui étaient debout s'impatientaient, se fatiguaient et filaient des coups de pied aux autres pour s'allonger à leur tour. » Il a connu la cuvette de toilette unique, dans un recoin de cette pièce, sans cloison pour préserver un minimum, non pas d'intimité mais d'humanité, à ceux qui étaient jetés là, sans mandat d'arrêt, sans jugement, sans raison. Il a dû, comme les autres, se résoudre à boire l'eau de la chasse quand les geôliers ont « oublié » d'approvisionner ces malheureux qui suffoquaient dans la touffeur de la cellule. Et comme les autres, il s'est battu quand la ration collective de nourriture a été apportée, un seul plat balancé au milieu de la pièce, qui aurait tout juste suffi à rassasier une vingtaine de personnes, mais que soixante-dix affamés devaient se partager. Comme d'autres, il a été sorti de la cellule pour un interrogatoire qui ne s'est jamais déroulé.

En réalité, il ne s'agissait pas de l'interroger, mais de lui montrer. Il a vu en quoi consiste un interrogatoire. Il a vu un vieillard harnaché au sol, son fils devant lui, le visage tuméfié, les bras en sang. Il a entendu un officier hurler à l'oreille du fils : « Parle, sinon nous te ferons pisser dans la bouche de ton père. » Et il a vu un policier uriner sur ce vieux père qui n'avait même plus la force de protester. Il a été conduit devant la porte de la « chambre aux rats », contraint de se planter devant le judas, yeux ouverts, pour voir. Et il a vu. Dans la pénombre d'un sous-sol infect, il a distingué une femme crucifiée au sol, les jambes entaillées. Il a vu les rats, rendus fou par l'odeur du sang, qui se précipitaient sur elle pour la dévorer vivante. Qu'avait-elle fait, cette malheureuse, pour mériter une pareille mort ? Les autres tortures lui parurent peccadilles à côté de celle-là. Les membres balafrés avec une lame, sur lesquels des sadiques déversaient de l'alcool et du sel en éclatant de rire. Les crachats. Les insultes. Les coups de fouet lancés à l'aveugle quand les sbires du régime pénétraient dans les cellules surpeuplées pour « s'amuser ». La baston à dix contre un, dix hommes du régime rendus fous, comme les rats, par l'odeur du sang, s'escrimant contre un jeune homme à terre en reprenant le slogan des manifestants : « Celui qui ne participe pas n'a pas d'honneur. » Des supplices à l'eau et d'autres aux braises. « Leurs tortionnaires sont des artistes, soupirait Mohamed. Ils exercent leur métier comme un art, imaginent des raffinements qui ne peuvent naître que d'esprits malades. Ce sont des maestros qui feraient avouer n'importe quoi à n'importe qui. Et ils ont leur arme fatale : la famille du détenu qu'ils n'hésitent pas à faire venir à leur rescousse. Qui n'avouerait en voyant son père, sa mère ou son enfant battu et torturé sous ses yeux ? » Son cœur palpite encore quand il raconte cette nuit où l'un de ses codétenus a hurlé : «*Allah akbar*», «Dieu est grand», et que tous les autres détenus, même ceux qui s'étaient assoupis, ont hurlé avec lui. «Nos geôliers en sont devenus fous, ils ont pénétré dans la cellule, mais nous ne pouvions plus nous arrêter de hurler. Nous hurlions notre envie de vivre... »

Au sortir de ses trois jours et demi de détention, Mohamed a pris les armes. Il a rejoint les rangs de la rébellion qui commençait à s'organiser avec les moyens du bord, je continuais chaque jour de revêtir mon niqab pour manifester et participer à ma manière à la révolution pacifique qui ne cessait de gagner en ampleur. Le lycée n'ouvrait plus ses portes qu'épisodiquement. Je ne me sentais pas prête pour les examens, papa refusa de me payer quelques cours particuliers qui m'auraient remise sur les rails. Au fond, peu m'importait cette année perdue : c'est à la construction de notre avenir à tous que j'étais en train de participer. J'ai donc interrompu l'école, certaine qu'il ne s'agissait que d'une parenthèse : bientôt, me disais-je, la vie reprendra son cours. Je ne savais pas que plus rien ne reprendrait comme avant.

Les rebelles ne disposaient, à cette époque, que d'armes rudimentaires. Ils n'avaient pas d'argent, pas de moyens, leur bataille était perdue d'avance, mais c'est sans compter avec la rage qui les animait. Comme les gladiateurs dans les cirques romains, ils luttaient pour leur vie. Ils prenaient leur revanche sur des décennies d'humiliations, de privations. Comme Mohamed, ils avaient tous goûté aux geôles du régime, sinon ils avaient un proche, un ami, un frère, un cousin qui les avait fréquentées – et qui, pour certains, n'en étaient jamais revenus, alimentant les rangs des « disparus » qui se comptent par milliers. Ce ne sont pas leurs canons, c'est leur détermination qui a amené les forces du régime à évacuer notre bourgade. Au bout de sept mois de révolution pacifique et de combats aux armes légères, des combats de maquis entre les immeubles, Zabadani est devenue une « ville libérée ».

Les dernières semaines précédant sa libération furent à l'exaltation. Les manifestations ne s'interrompaient plus, et la plupart des femmes avaient laissé tomber leur niqab pour aller crier leur colère : nous n'avions plus peur, bien que les tirs sur nous se fassent à balles réelles. Nous secourions les blessés, nous ramassions les morts et nous faisions face : nos rebelles repéraient rapidement l'origine des tirs, et ils tiraient à leur tour pour nous permettre de rester dans la rue. Ils nous protégeaient du régime.

Je n'avais même plus peur de mon père et j'ai donné mon feu vert à Mohamed. Il s'est scrupuleusement plié aux coutumes, et il est venu un jour frapper à la porte de notre appartement. Papa l'a reçu. Mohamed s'est présenté, il lui a raconté son parcours, sa famille, ses ambitions, et il lui a exposé l'objet de sa visite : obtenir, pour ses parents, l'autorisation de demander ma main. En présence d'un «étranger» (papa ne savait rien de notre liaison), je m'étais retirée dans ma chambre. Mon cœur battait si fort que mes oreilles étaient sur le point d'exploser. J'avais les mains moites et, bien qu'assise sur mon lit comme une jeune fille sage, je dansais de joie. A deux reprises, pendant cette visite, mon père est entré dans ma chambre. Il n'a pas dit un mot, il s'est contenté de me regarder, avant de sortir en refermant la porte derrière lui. Moi, je jouais alors à l'indifférente. Le nez plongé dans un livre dont j'aurais été bien incapable de lire le moindre mot, je le regardais moi aussi, en apparence imperturbable, souffrant mille morts en mon for intérieur.

Quand Mohamed s'en est allé, papa est à nouveau rentré dans ma chambre. Cette fois, il s'est assis en face de moi, sur le lit. Il est d'abord resté silencieux, il m'a semblé bouleversé. Puis il a pris une profonde respiration, et il s'est lancé : «J'ai reçu la visite d'un jeune homme qui voudrait t'épouser. » Je n'ai rien dit : je n'aurais pas pu articuler une seule syllabe. J'avais dix-sept ans et papa ajouta que j'étais trop jeune pour me marier. Il m'a demandé mon avis. « Je ne le connais pas. » Heureusement, maman nous a rejoints à ce moment. Elle qui était dans mon secret se montra enthousiaste : « Je n'étais pas plus âgée que Fayza quand nous nous sommes fiancés, lança-t-elle à papa. Et l'on pourra toujours retarder la date du mariage, la fixer dans deux ou trois ans. Mais que crains-tu ? Ce Mohamed ne nous a-t-il pas promis que, même après leur mariage, Fayza pourra poursuivre ses études si elle le souhaite ? » Il fut convenu que, le lendemain, maman m'accompagnerait au souk pour que je puisse voir ce prétendant, et qu'elle échangerait quelques mots avec lui en ma présence. Papa me demanda aussi de réfléchir, de ne surtout pas me hâter dans ma prise de décision. Je fis donc semblant de réfléchir, d'hésiter quelques jours, avant de dire oui. Il en a d'abord été étonné : il m'avait toujours entendue critiquer les mariages arrangés et affirmer que je n'épouserais jamais un mari que l'on m'imposerait, un homme que je n'aurais pas moi-même choisi. Soupçonna-t-il que Mohamed ne m'était pas inconnu ? Il n'en a pas dit mot.

Les parents de Mohamed furent aussi surpris que papa par ce projet ; eux aussi trouvaient leur fils aîné trop jeune pour s'engager : il avait tout juste dix-neuf ans. Est-ce la liesse générale qui finit par avoir raison des hésitations de nos deux familles ? La perspective de la libération prochaine de Zabadani ? Le fait est que, quelques jours plus tard, le père et la mère de Mohamed, revêtus de leurs plus beaux habits, sont venus rencontrer mes parents qui en avaient fait de même. Maman avait sorti les beaux napperons en crochet de son trousseau de mariage et les avait disposés sur les tables, elle avait astiqué à fond le salon et acheté deux grands bouquets de fleurs qu'elle avait disposés bien en évidence, ainsi que des gâteaux au miel et aux amandes et des sirops de toutes les couleurs.

Papa me convia à sortir de ma chambre, il me présenta à eux, je jouais l'indifférente quand mon regard croisa celui de mon futur époux. Dans mon cœur, il n'y avait aucun doute : j'étais certaine d'avoir effectué le bon choix. Le père de Mohamed exprima la demande en mariage avec les formules d'usage, papa lui répondit sur le même ton, par l'affirmative. Maman disposa alors sur la table les plats de douceurs et les verres de sirop, mais nous avions à peine eu le temps de commencer à les goûter qu'il fallut se disperser : Zabadani était bombardée. Ce n'était pas encore un déluge de feu, mais depuis que la prochaine libération de la ville devenait une évidence, les forces de

Bachar Assad avaient posté leurs chars sur les hauteurs qui nous environnaient et, épisodiquement, quelques obus s'abattaient sur nous. Ce n'était qu'un avant-goût de ce que l'avenir nous réservait...

4

Papa

Papa avait grandi à Damas d'où sa famille était originaire – elle en tirait d'ailleurs un fort sentiment de supériorité et ne cherchait pas à dissimuler son mépris à l'égard des provinciaux, les « bledards » dont elle considérait que ma famille maternelle faisait partie. Avec ses parents et ses sept frères et sœurs, ils avaient vécu entassés dans un petit deux pièces, et son père les nourrissait en tirant le diable par la queue. Mais leur deux pièces se trouvait au cœur de la capitale, dans sa vieille ville...

Sa famille était très conservatrice, très pieuse et, même dans la fournaise de l'été damascène, ma grand-mère et mes tantes ne sont jamais sorties de chez elles sans revêtir un grand manteau bleu marine ou noir, un épais voile de la même couleur leur dissimulant les cheveux mais aussi le front et le menton, ainsi que des gants pour que nul ne puisse apercevoir leurs mains. Deux de mes tantes avaient même opté pour un niqab cachant leur visage, et la famille s'en était réjouie. Elles allaient ainsi comme des fantômes tandis que ma grand-mère maternelle, elle, s'était convertie aux pantalons qu'elle portait certes amples mais jugeait fort commodes pour circuler et vaquer à ses occupations. Les deux familles se détestaient et, à chacune de nos visites chez eux, si l'on évoquait notre grand-mère maternelle, la mère de papa, celle qui avait décidé qu'hormis le noir et le bleu marine aucune couleur n'avait droit au qualificatif de musulmane, ne manquait de pincer sa bouche avec dédain avant de lancer une pique, devenue chez elle une ritournelle : « Elle a certes été en pèlerinage à La Mecque, mais c'est une fausse *hajjé* » – le titre honorifique donné aux femmes qui accomplissent ce voyage au moins une fois dans leur vie. Elle lui reprochait ses pantalons, mais aussi le narguilé qu'elle aimait fumer et la musique dont elle raffolait. Elle lui reprochait surtout ce qu'elle considérait être son manque de piété.

Il faut dire que, dans ce domaine, ma grand-mère paternelle était imbattable. Chaque matin, été comme hiver, elle se levait avant l'aube et se rendait à la mosquée pour participer, dans le coin des femmes, à la première prière rituelle. Elle accomplissait les quatre autres prières de la journée chez elle et houspillait toute sa famille pour en faire de même. Elle était intraitable sur ce point, mais elle était intraitable en tout dans la vie. Elle avait élevé ses enfants à la dure « pour les aider à affronter les aléas de l'existence ». Papa se souvenait encore du jour où, petit, il avait été attaché une journée entière à une colonne, sans boire ni manger ; il ne se rappelait pas la bêtise qui lui avait valu cette punition, sans doute une broutille, mais il gardait en mémoire la soif qui l'avait tenaillé dès le début de l'après-midi et qu'il n'avait pu étancher qu'à la tombée de la nuit. Aussitôt détaché de la colonne, il s'était écroulé sur le sol. Il avait huit ans.

Lui qui avait été à l'école avec un sac en plastique en guise de cartable, et qui avait affronté les moqueries de ses petits camarades mieux nantis, aurait ambitionné de nous élever comme il l'avait été lui-même, dans une sorte d'entraînement forcené aux privations qui constituaient le lot quotidien de l'écrasante majorité des Syriens. Il avait juste oublié que, entre son enfance et la nôtre, le monde avait changé. Nous n'osions rien lui demander, pas même un nouveau stylo et surtout pas les fausses Nike sans lesquelles nous aurions été englouties de honte devant nos camarades. Elles étaient très mal copiées, n'avaient parfois qu'une lointaine ressemblance avec le modèle d'origine, mais qu'importe : nous n'avions jamais vu le modèle d'origine, et l'essentiel était d'arborer le grand logo pour signifier que nous étions « dans le coup ». Nous passions donc par l'intermédiaire de maman qui, le soir, se hasardait prudemment : «Les enfants ont besoin de nouvelles chaussures, les leurs se sont déchirées.» Papa tempêtait, il reprochait à maman de nous transformer en mauviettes et, une fois sur deux, il finissait, de guerre lasse, par obtempérer. Je pense que c'est pour ne plus avoir à quémander que ma mère s'obstina à apprendre l'anglais toute seule, jusqu'à réussir à l'enseigner. Alors, comprenant son manège, mon père cessa, dès qu'elle reçut sa première élève, de lui donner de l'argent pour nous.

Papa nous aimait sans doute, mais nous ne l'avons jamais su : il ne nous montrait pas son affection. Sa seule ambition en matière d'éducation était de nous «endurcir», un mot qu'il privilégiait entre tous. Il appliquait à la lettre un proverbe damascène qu'il nous répétait à tout bout de champ : «Mange du miel et fais manger à ton fils de la merde, lui est devant et toi derrière.» Il le concluait d'un air satisfait : «Vous aurez toute votre vie pour manger le miel que vous produirez.» Maman n'était pas, elle non plus, issue d'une famille riche, mais elle partait du principe qu'elle devait nous épargner les épreuves qu'elle avait connues dans son enfance. Maman n'était que sacrifices pour nous. Grâce à elle, papa ne put jamais aller jusqu'au bout de son projet d'«endurcissement» forcené de ses trois enfants.

En Orient, on ne coupe jamais les liens

avec la famille, et ces liens-là, papa les avait très étroits avec la sienne. Joli garçon, il avait très tôt arrêté l'école pour s'engager dans la vie active. De petit boulot en petit boulot, il avait atterri à Zabadani où il logeait dans une chambrette et expédiait chaque semaine quelques sous aux siens. C'est là qu'il a connu ma mère qui tomba sous son charme et interrompit ses études pour l'épouser. Ma famille paternelle s'était d'abord opposée à ce mariage : elle destinait à papa l'une de ses cousines, élevée dans l'observance stricte de la religion et des traditions, dont les siens estimaient qu'elle ferait une bonne mère pour ses enfants, forcément nombreux. Face à son intransigeance, ma grand-mère finit par se résoudre à venir avec son mari, de Damas à Zabadani, pour demander la main de ma mère à ses parents.

Le fait qu'il ne se soit pas agi d'un mariage arrangé ne fit pas monter l'estime de ma mère aux yeux de sa belle-mère : celle-ci trouvait inadmissible qu'une jeune fille convenable choisisse son époux. Il lui semblait évident que le jeune couple s'installerait à Damas, elle commença même à leur chercher un appartement près de chez elle et à forger des plans pour entreprendre la rééducation de maman. Son projet n'aboutit pas : ma grand-mère maternelle avait encouragé son futur gendre à postuler à la fonction publique et, quand il avait obtenu son premier emploi stable, elle l'avait aidé à payer son premier loyer et à commencer à meubler l'appartement où nous avons vécu. Papa, lui, n'avait absolument pas envie de retourner à Damas : il s'était habitué aux grands espaces et aux commodités de la province, il appréciait la douceur de Zabadani, se plaisait à fumer son narguilé sur notre terrasse, en été, quand la capitale suffoquait de chaleur.

Papa allait souvent à Damas, voir sa famille. Pour se déplacer plus aisément, il s'était acheté une vieille voiture en adhérant à une « tontine » qui, chez nous, tient lieu de prêt bancaire pour tous ceux qui ne sont pas assez riches afin de franchir la porte d'une banque. Le principe en est d'une simplicité biblique : plusieurs dizaines de personnes s'associent et versent chaque mois une somme prédéterminée dans une caisse commune. Et chaque mois, l'un des associés empoche la cagnotte qu'il investit à sa guise : pour démarrer un commerce, se meubler, s'offrir, comme mon père, une vieille voiture qu'il utilisa aussi comme taxi clandestin. Certains jours, il la prêtait à ma mère qui avait tenu à passer son permis de conduire. Elle nous déposait à l'école quand la neige tombait drue et, aux beaux jours, elle nous emmenait en promenade dans la campagne, c'est-à-dire dans les environs de Zabadani. Nous retournions à la maison les bras chargés de fleurs des champs et de bouts de bois, des trésors qui nous donnaient l'impression de revenir de vacances – un mot qui n'appartenait pas plus à notre lexique que le vocabulaire politique banni en Syrie.

Quand il rentrait de Damas, papa était toujours d'une humeur exécrable. Il provoquait maman par des piques en salves, et n'avait de cesse qu'elle lui réponde ; la soirée s'achevait immanquablement dans les disputes. Les mêmes sujets revenaient en boucle : papa annonçait son intention de nous installer dans la capitale, à proximité de sa famille ; il reprochait à maman son laxisme à notre égard ; lui disait qu'il aurait été plus heureux avec une fille de « son » milieu – damascène, conservatrice ; s'attaquait à notre manière de nous vêtir, voie ouverte au libertinage ; finissait par décréter que nous lui faisions honte. C'est là que maman explosait. Elle ne voulait pas entendre parler de Damas, et nous étions entièrement d'accord avec elle sur ce point. D'une part, elle ne voulait pas abandonner la douceur de vivre provinciale pour le stress d'une grande ville – et je sais qu'au fond de lui papa ne le souhaitait pas non plus, sans quoi il nous aurait déménagés *manu militari* : la Syrie est une société patriarcale, et le « chef de famille » est le seul maître en sa demeure, même si celle-ci est un taudis. Mais surtout, elle ne voulait pas se retrouver sous la coupe de sa belle-famille qui ne dissimulait plus sa détestation envers elle et, par ricochet, envers nous, ses enfants. Elle ne comptait pas céder un iota de son peu de liberté.

Aux grandes occasions, notamment les fêtes religieuses, papa nous emmenait avec lui à Damas. Au fil des ans, ces visites se transformaient en supplice. Enfants, petits-enfants, cousins : nous étions chaque fois plus nombreux à nous entasser dans le deux pièces fermé et exigu de mes grands-parents, que ma grand-mère voyait comme un palais. Et là, nous ne pouvions échapper aux conversations dont l'essentiel consistait à déblatérer. Nul n'était épargné par les commentaires méprisants de ma famille paternelle, l'un de leurs sujets privilégiés étant « l'absence de pudeur », de *hishma* : des femmes qui sortaient dans la rue sans se voiler à leur manière, c'est-à-dire déguisées en corbeaux ; des hommes qui accordaient une liberté (toute relative) à leurs épouses ou à leurs filles et leur permettaient de se « promener », un mot qui dans leur bouche avait valeur d'insulte ; de ceux qui écoutaient de la musique plutôt que des prêches et de celles qui s'installaient sur les bancs des jardins publics « entre filles », sans la présence d'un mâle pour les chaperonner. Chacun de leur propos était un procès en bonne et due forme, intenté à ma mère et à sa famille. Mon père devait les entendre en boucle quand il venait seul à Damas, sans doute étions-nous encore plus directement ciblés, d'où ses humeurs quand il rentrait le soir à la maison.

Avec le recul, je réalise que ma famille paternelle, qui se disait pieuse et respectueuse des préceptes de l'islam, appliquait en fait cette nouvelle religion empreinte de rigorisme que l'on appelle en Occident « islamisme », mais qui n'a en réalité que des rapports très lâches avec l'islam. Notre religion ne nous interdit-elle pas, d'abord et avant tout, de dire du mal des autres et de chercher à leur nuire ? C'est ce que m'avait appris ma mère, et c'est ce que ma grand-mère maternelle ne cessait de nous répéter, depuis que nous étions enfants, si elle nous entendait railler un voisin ou dire du mal d'une copine. Ma grand-mère n'était pas assidue à la mosquée, elle préférait prier chez elle ; elle jeûnait le ramadan mais ne se détournait pas des activités jugées profanes par la famille de papa, des activités aussi innocentes que faire les boutiques, écouter de la musique, rire d'une comédie à la télévision ou se promener à la campagne pour le seul plaisir de la promenade. A force de se priver de ces menus plaisirs, ma famille paternelle n'était plus qu'aigreur et dessèchement. Elle avait mis en place la religion du *haram*, de l'interdit, une religion-carcan qui ne fait qu'étrangler et punir.

A Damas, nous aurions vécu l'enfer : je n'aurais même plus eu le droit de descendre seule dans la rue. Peu après ma puberté, les projets de ma famille paternelle me concernant s'étaient précisés : je devenais « une jeune fille », leur devoir était de me protéger des tentations « libertaires » qui pourraient m'amener à tomber amoureuse, de surcroît d'un inconnu, il leur incombait donc de me fiancer au plus tôt, et le fiancé était tout trouvé : il s'agissait de mon cousin, le fils de mon oncle, le frère de papa, un jeune homme qui me scrutait en permanence et osa un jour me demander jusqu'à quand je circulerais si légèrement vêtue dans les rues – c'était juste après que j'ai commencé à porter le voile, un tout petit voile qui n'avait aucune valeur à leurs yeux. A vrai dire, m'épouser est un projet qui ne le tentait absolument pas. Je lui en sais gré.

L'annonce de mes fiançailles avec Mohamed a été, pour eux, le coup de grâce : dès lors, ma famille paternelle a pris un immense plaisir à exprimer sans détour sa détestation à notre égard. Depuis sa sortie des geôles du régime, papa, lui, était de plus en plus sous sa coupe. Et il se montrait de plus en plus méchant, voire violent, avec nous. Surtout avec maman à qui il voulait imposer les coutumes d'un autre âge qui avaient cours dans sa famille. Il n'osait pas porter la main sur moi parce qu'il craignait Mohamed (papa était un indécrottable peureux), mais je le vis dès lors, plus d'une fois, frapper maman qui se retirait ensuite dans la cuisine pour pleurer à son aise. Ne lui reprocha-t-il pas un jour de... ne pas avoir de frères ? Mes grands parents maternels avaient eu quatre filles et un garçon mort en bas âge. Ils adoraient leurs filles et n'avaient à aucun moment envisagé, comme c'est le cas dans les milieux traditionnels, de multiplier les enfants jusqu'à la naissance d'un « héritier » qui veillerait sur ses sœurs. Sans doute avait-il été inspiré, dans ses propos, par sa propre mère ; il refusa, dès lors, de recevoir la famille de maman.

Seul Mohamed a su, d'emblée, leur tenir tête. Nous étions tout juste fiancés, ils nous ont conviés à Damas, avec papa et maman bien sûr, pour le rencontrer. Mohamed répondait, impassible, à leur avalanche de questions : oui, il tenait à ce que je poursuive mes études, même après notre mariage ; non, il ne me priverait pas de mon téléphone portable et m'autoriserait à voir mes amies ; il ne m'interdirait pas non plus Internet (chez nous, les connexions étaient tributaires des humeurs du régime et donc fort aléatoires) ; et oui, il serait très fier de m'inviter, un jour ou l'autre, au restaurant.

La hache de guerre fut déterrée à l'heure du déjeuner. Dans la famille de mon père, celui-ci se déroulait dans un ordre inéluctable : les hommes s'asseyaient les premiers à table pour manger. Quand ils avaient terminé, les femmes mangeaient à leur tour, se servant dans les restes. Enfin, les enfants venaient en dernier, se nourrissant des restes des restes. Comprenant ce manège, Mohamed a attendu de s'asseoir à table puis, prenant sa grosse voix, il m'a appelée : « Fayza, viens t'asseoir à côté de moi, tu dois déjeuner ! » C'était un ordre. Je lui ai obéi. Ma famille paternelle ne prônait-elle pas la totale soumission de la femme à son mari ? Autour de la table, l'atmosphère s'était faite pesante, mais nul n'avait osé contredire mon futur époux, leur invité. Mohamed riait sous cape du joli tour que nous leur avions joué. Il n'a plus plus jamais été convié à leurs agapes.

Pour ma part, dès ma visite suivante à Damas, sans Mohamed cette fois, mes tantes ont fait cercle autour de moi. Elles m'ont intimé l'ordre (ce n'était pas une demande, mais un ordre) de leur rapporter les moindres détails des discussions que j'avais avec mon fiancé, d'en faire de même plus tard, quand il deviendrait mon mari. Je ne leur répondais pas par un « oui » franc, alors elles avaient insisté : c'était pour mon bien, me dirent-elles; elles étaient plus expérimentées que moi et pourraient, dans leur sagesse, repérer si cet homme était sérieux ou s'il fallait que je m'en méfie ; s'il me guiderait sur le bon chemin ou, au contraire, dans la voie de la déviance. Ne comprenaient-elles donc pas que je n'attendais rien d'elles, que je n'avais que faire de leurs conseils ? Que ceux de maman me suffisaient largement ? Elles ont, bien entendu, évoqué le « fâcheux épisode » du déjeuner, quand je me suis assise à table avec les hommes. Il ne s'agissait pas d'un tabou que j'avais enfreint, m'ont-elles expliqué, mais d'un savoir-vivre qui manquait, de toute évidence, à mon fiancé. Elles m'expliquèrent qu'en honorant ainsi les hommes, ils s'attacheraient à notre famille plutôt qu'à celle de leur épouse. Ils resteraient des nôtres et ne risqueraient plus de subir l'influence d'éventuels mécréants. Je me suis tue... parce que j'en suis restée bouche bée. Elles virent, dans mon silence, un acquiescement, et s'en allèrent, visiblement ravies de m'avoir convertie à leurs usages.

Peu après mes fiançailles, Zabadani avait été effectivement libérée, et donc commençait à être bombardée par les forces du régime, contraintes de l'évacuer à force d'être harcelées. Au début, il ne s'agissait que de bombardements épisodiques, des coups de semonce qui nous étaient adressés. Mais une nuit, les feux de l'enfer se sont abattus sur notre bourgade : fusées, roquettes, mortiers, orgues de Staline, artillerie lourde, des engins de la mort qui étaient balancés au petit bonheur la chance, dans l'unique but de nous terroriser. Ce bombardement aveugle, sauvage, a duré trois jours et trois nuits. Au troisième jour, une trêve a été décrétée : l'armée était occupée sur d'autres fronts, plus cruciaux que Zabadani, et les rebelles, qui avaient été pris par surprise, avaient besoin de s'armer de manière plus conséquente. Nous étions épuisés, assourdis, et papa nous proposa d'aller nous reposer à Bloudane. L'une de ses tantes, qui avait émigré aux Etats-Unis, y possédait une petite maison secondaire sommairement meublée dont il avait la clé ; elle l'avait chargé de l'inspecter régulièrement, et il prenait plaisir à cette tâche.

5

Hamouda

Le Bloudane de mon enfance était un petit hameau perché à 1500 mètres d'altitude, à quinze minutes en voiture de Zabadani. Il y faisait très froid en hiver mais, comme partout au Proche-Orient, le printemps y était précoce et l'automne s'y étirait jusqu'aux premiers jours de décembre. Bloudane avait d'abord attiré des Damascènes nantis qui s'étaient fait construire de coquettes maisons, dotées pour certaines de piscines, où ils venaient s'encanailler. Des habitants du Golfe arabe leur avaient emboîté le pas, choisissant ce hameau, devenu village puis petite bourgade, comme lieu de villégiature. Quelques cafés, des restaurants avaient été inaugurés pour les accueillir, de petits immeubles avaient été construits dans lesquels des appartements étaient proposés à la location.

Nous avons passé quelques jours à Bloudane, puis, la trêve se prolongeant, nous sommes revenus à Zabadani où papa devait reprendre son travail et nous, l'école. La maison était intacte, la détermination des habitants à se libérer du joug du régime, aussi. Les combats se poursuivaient sporadiquement entre l'armée et les rebelles, chaque jour nous apportait son lot de morts et de blessés. Chaque enterrement donnait lieu à de nouvelles manifestations où nous descendions tous dans la rue crier notre rage, notre envie de liberté. Les services de renseignements de l'Etat étaient sans doute encore présents dans notre bourgade mais, pour la première fois depuis des décennies, nous n'avions plus peur d'eux, de leurs rapports, de leurs mensonges, de leurs menaces. Nous n'avions jamais osé auparavant aborder le sujet de la politique. Là, c'était un déchaînement ! Désormais, seule la politique nous intéressait et, avec mon fiancé, elle constituait notre principal sujet de discussion. De quoi d'autre aurait-on pu parler alors que notre pays basculait enfin dans la normalité – même si le chemin était plutôt anormal ?

Hamouda venait d'avoir dix ans. Mon petit frère, qui partageait la même chambre que Raghad et moi, avait toujours été dans nos secrets. Avant mes fiançailles, il était au courant de mon histoire d'amour avec Mohamed, il nous servait souvent d'émissaire, livrant mots doux et petits cadeaux que nous échangions, et il n'en dit jamais rien à papa. Tous les messages parvenaient à bon port, et il n'eut jamais la curiosité de lire une lettre ni d'ouvrir un paquet, pas même ce carton duquel dépassait une oreille rouge – celle d'un ours en peluche que Mohamed m'avait offert et que Hamouda avait eu pour mission de me livrer. Il ne sourcillait pas non plus quand mes parents s'étonnaient de me voir avec un nouveau stylo, un livre qu'ils ne m'avaient pas acheté ou un bouquet de fleurs : je leur disais que des copines me les avaient prêtés, Hamouda confirmait. C'était un enfant sage. Il n'avait jamais joué à des jeux violents comme d'autres garçons de son âge; certains jours, je le trouvais même trop sage. On lui connaissait une seule passion : le football. Et s'il acceptait bien volontiers de nous servir d'émissaire, c'était pour que je le couvre à mon tour quand il allait taper dans le ballon au lieu d'étudier, histoire de rattraper les heures de cours manquées – les écoles n'ouvraient plus qu'épisodiquement, entre les manifestations, les grèves et les bombardements.

Hamouda est devenu tout naturellement le confident de Mohamed quand celui-ci a rejoint la rébellion. C'est à lui, et à lui seul, que mon futur mari révéla le lieu où il entreposait ses armes et munitions, à proximité de notre maison. Matin et soir, Mohamed donnait signe de vie à Hamouda. Mon frère savait que si vingt-quatre heures s'écoulaient sans ce signe, il devrait immédiatement alerter un ami de mon fiancé qui viendrait illico récupérer le contenu de la cache pour le dissimuler ailleurs. Mohamed avait subi de brèves séances de torture, il savait ce qui l'attendait s'il était fait prisonnier par les forces du régime, il ne doutait pas qu'il finirait forcément par parler. Il craignait que la douleur ne lui fasse perdre la raison, qu'il ne révèle nos noms, nos liens avec lui. Auquel cas, il est évident que nous ne serions pas épargnés par les bourreaux. Et il voulait nous protéger. La mission de Hamouda ne s'arrêtait pas là : en même temps que l'ami de mon fiancé, il devrait aussi alerter papa et lui demander de s'enfuir sur-le-champ avec nous, de quitter le pays s'il le fallait. Jusqu'à une date récente, j'ignorais tout de cet épisode : ni Mohamed ni Hamouda n'en avaient pipé mot. Je réalise aujourd'hui combien de secrets mon petit frère a portés. C'était un fardeau très, très lourd pour un gamin de son âge.

Hamouda détestait les cris et les disputes qui avaient émaillé notre enfance et qui, depuis la libération de papa, étaient devenus notre lot quotidien. Il ne supportait pas non plus le bruit et, dès que des détonations se faisaient entendre au loin, il courait se réfugier dans les bras de maman, ce qui mettait mon père hors de lui. « Tu n'es pas un homme ? Un homme n'a peur de rien ! », lui lançait-il crânement, oubliant ses propres lâchetés. Hamouda était devenu son chouchou. « Mon fils ! », l'appelait-il fièrement. Hamouda, lui, ne riait plus. Il ne pleurait pas non plus. Sa carapace frémit à peine le jour où l'un de mes cousins, libéré après un an de détention, a été emmené chez nous par ses parents, pour s'aérer l'esprit. Il avait été soumis à de rudes tortures, avait perdu l'usage de la parole, et il ne sortait de son monde, de son silence, que pour narrer une vision qui continuait de le hanter : un homme écorché vif, attaché dans la cour de la prison, le corps recouvert de sel, qui agonisa pendant des heures sous les fenêtres de la cellule. Les détenus grimpaient sur les épaules les uns des autres pour l'observer, lui crier des paroles d'encouragement, prier pour lui. Mon cousin entendait encore ses râles. En racontant, des larmes coulaient de ses yeux. Puis il se taisait. Hamouda a eu peur de lui. Il n'a pas osé l'approcher et il est resté, durant toute leur visite, collé à maman, lui tenant le bras.

En février 2012, la situation était devenue intenable à Zabadani. Les écoles n'ouvraient presque plus leurs portes, les administrations non plus. Papa passait la plupart de ses journées avec nos voisins, tout aussi désœuvrés que lui. Ils s'étaient tous mués en stratèges politiques et militaires, commentaient doctement le nouveau communiqué de la Maison Blanche, la dernière déclaration du ministre français des Affaires étrangères ou celle du secrétaire général de l'Onu, s'émerveillaient de la liberté avec laquelle ils pouvaient désormais s'exprimer mais, les vieilles habitudes étant coriaces, ils se taisaient aussitôt qu'un étranger à leur petit groupe les rejoignait. Tous nos anciens schémas de pensée étaient pulvérisés. Ils nous fallait quelque temps pour en assimiler de nouveaux.

Depuis que nous étions officiellement fiancés, Mohamed avait pris ses quartiers chez nous. L'appartement qu'il occupait avec ses parents, au quatrième étage d'un immeuble isolé, à l'écart du centre-ville, était devenu trop dangereux : cette zone s'était transformée en ligne de front, l'immeuble lui-même, à découvert, était directement visé par l'artillerie qui le soupçonnait de servir de base à l'Armée libre. C'est donc chez nous que, après des nuits passées à défendre Zabadani contre les troupes du régime, il venait prendre une douche, manger un repas chaud et dormir deux ou trois heures avant de retourner au front.

La violence est montée d'un cran quand l'armée a installé d'immenses projecteurs sur les flancs des montagnes surplombant notre ville. La nuit, leurs lumières nous éclairaient *a giorno*, et les troupes entamaient leur œuvre monstrueuse, traquant les rebelles pour les éliminer, bombardant aveuglément le cœur de la ville pour terroriser sa population, et laissant ensuite les francs-tireurs mener leurs basses œuvres en tirant sur chaque ombre qu'ils pouvaient entrevoir.

Un matin, Mohamed a débarqué chez nous, fébrile, et il s'est aussitôt enfermé avec papa. Leur huis clos n'a pas duré longtemps : au bout d'un quart d'heure, ils sont sortis ensemble de la pièce, mon père avait le visage défait. Mohamed lui avait révélé que les troupes gouvernementales commençaient à envoyer d'importants renforts autour de Zabadani. Il n'avait aucun doute sur ce sujet : l'armée se préparait à attaquer notre bourgade libérée par la rébellion, peut-être à la reprendre. Il lui conseilla de ramasser quelques effets et de s'enfuir. N'importe où. Loin du carnage qui se préparait. Bloudane, un temps épargnée, était devenue à son tour la cible de la hargne du régime. Nous n'avions pas les moyens de louer un appartement pour nous y replier, d'autres membres de ma famille avaient investi la maison de ma tante après que la leur avait été rasée, papa prit donc une décision qui ne nous enchantait pas, mais qui nous soulageait quand même : nous partirons, dit-il, à Damas, chez ses parents qui voulaient bien nous accueillir bien que leur deux pièces soit surpeuplé, mon oncle, sa femme et leurs trois enfants y ayant déjà trouvé refuge aux côtés de mes grands-parents. Nous n'avions pas le choix et Mohamed, qui nous pressait de nous en aller, nous aida à rassembler quelques habits de rechange, des papiers importants et surtout, insista-t-il, nos livres scolaires pour occuper nos journées.

« Nous allons leur donner une belle raclée et tu reviendras très vite », me dit-il, sans grande conviction, pour me consoler.

Nous nous sommes entassés dans la voiture familiale – avec la mère de Mohamed, qui fuyait elle aussi Zabadani. La rumeur avait enflé dans la ville ; nous avons pris place dans une longue file de voitures surchargées de passagers, de valises, de matelas, de meubles. Triste exode ! Dans toutes les voitures, les mêmes mines s'affichaient, sur lesquelles le harassement le disputait à la tristesse. Nous savions qu'à notre retour notre ville ne serait plus la même. Elle n'existerait peut-être plus. Rasée. Engloutie avec notre passé. Effectivement, dans l'autre sens, des camions militaires avançaient lentement, chargés, eux, de soldats prêts pour le combat. Ce ne sont pas ces camions qui m'ont horrifiée, mais les quelques civils qui marchaient devant eux, tenus en joue par les hommes du régime. Je n'avais jamais vu pareil spectacle, mais j'appris qu'il n'était plus inhabituel dans notre pays : des prisonniers de droit commun étaient utilisés comme boucliers humains par les troupes de Assad quand elles se déplaçaient en terrain hostile. Nos jeunes, qui formaient l'Armée syrienne libre, refusaient d'ouvrir le feu sur ces malheureux : c'est ainsi que nous avons perdu quelques batailles, cédé parfois du terrain. Le pouvoir s'emparait aussitôt de ces petites victoires pour clamer son triomphe.

Nous étions partis pour quelques jours, nous avons passé deux mois loin de notre ville. Ma grand-mère et mes tantes étaient heureusement trop affairées à assurer la logistique pour les quinze personnes qui coexistaient tant bien que mal sous leur minuscule toit : leurs inévitables leçons de morale en étaient d'autant abrégées, à notre grand soulagement. Maman, ma sœur et moi nous étions portées volontaires pour les courses, ce qui nous permettait de nous offrir quelques bouffées d'oxygène hors de l'appartement. En ville, on croisait beaucoup d'autres exilés, des «réfugiés de l'intérieur», hébergés tant bien que mal par des proches, par des amis, ou alors dans les hôtels bon marché qui, avant guerre, recevaient une clientèle particulière de pèlerins iraniens, appauvris par le régime des mollahs, qui venaient trouver quelque réconfort spirituel dans les lieux saints chiites qui existent près de Damas. Entre réfugiés, nous communiquions très peu, d'autant que Damas grouillait d'hommes des *moukhabarat* et de la sécurité de l'Etat qui, en protégeant le régime, tentaient essentiellement de défendre leurs dérisoires privilèges. Nous étions rongés par l'inquiétude, craignant par-dessus tout que notre révolution n'ait été qu'un joli rêve, une parenthèse enchantée, malgré la violence, dans un quotidien qui, depuis des décennies, n'était fait que de brimades et d'humiliations.

Mohamed m'appelait chaque jour, ne serait-ce que très brièvement, pour me rassurer, me dire qu'il était encore en vie. Parfois, il craquait au téléphone, il m'égrenait la liste des morts, des blessés dans les rangs de la rébellion et parmi les civils. J'en connaissais beaucoup – dans notre petite bourgade, nous nous connaissions tous. Je ne parvenais même plus à ressentir une quelconque émotion : il y avait trop de morts, trop d'horreur et j'avais envie, certains jours, de lui demander plutôt la liste des survivants. Il me racontait aussi les destructions et le nouveau visage qu'avait pris Zabadani, les assauts toujours plus violents de l'armée de Assad qui réussissait à briser la résistance organisée par nos jeunes gens. Ces derniers étaient à bout; assiégés depuis plusieurs semaines, ils commençaient à manquer d'armes quand les troupes inféodées au régime proposèrent une trêve à une seule condition : autoriser des représentants de Damas à entrer dans la ville pour y évaluer les dégâts. Nous sommes tombés dans le traquenard.

Sitôt la trêve déclarée, une colonne de blindés est entrée dans Zabadani et les médias officiels ont savouré leur triomphe en annonçant, avec panache, avoir repris la ville. Protégés par leurs chars positionnés à tous les carrefours, les hommes du régime ont traqué nos jeunes, tous nos jeunes sans exception puisqu'ils partaient du principe que ceux qui n'étaient pas avec eux étaient contre eux. Que tous ceux qui ne s'étaient pas engagés dans leur armée étaient venus grossir les rangs de la rébellion. Des rafles ont été menées à grande échelle, la plupart de ceux qui ont été arrêtés ne sont jamais revenus. Leurs familles sont sans nouvelles d'eux ; ils ont sans doute été liquidés, sans autre forme de procès, et enfouis dans des charniers. On découvre chaque jour de nouveaux charniers en Syrie mais, pour une raison que j'ignore, le monde a choisi de ne pas voir et de se taire. Mohamed, lui, a eu de la chance : il se terrait dans notre appartement quand la porte a été forcée. Dans un réflexe animal, il a bondi sur la terrasse et, de là, il a sauté sur la terrasse voisine puis sur la suivante, de toit en toit, ce qui était relativement aisé dans notre vieille ville où les maisons se jouxtaient. Deux hommes le pourchassaient, ils étaient armés et avaient pour consigne de l'abattre comme un lapin. Il entendait leurs pas et, en se retournant, il a bien vu que l'un d'eux l'avait repéré, dissimulé derrière une colonne, cherchant un moyen de s'enfuir. Ils étaient tout près de lui. Il a clairement pu l'entendre dire à son collègue : « Non, il n'est pas là. Partons, il a disparu, nous le retrouverons. Il ne pourra pas nous échapper. » C'était très étrange. Pourquoi cet homme a-t-il choisi de l'épargner ? Etait-il à ce point écœuré par les basses œuvres qu'il était chargé d'exécuter ? Mohamed m'a plusieurs fois raconté cette histoire, pour le plaisir, je pense, de la terminer par une petite blague privée qui nous ramenait aux beaux jours d'antan. « Merci, Fayza, disait-il, pour l'entraînement prodigué ! » Il me faisait ainsi sourire, mais j'avais un pincement au cœur. Il a mis terme à sa « blague » le jour où j'ai fondu en larmes. Il m'était insupportable de me souvenir des jours heureux des premiers bombardements, quand nous étions tout juste fiancés, qu'il avait pris le maquis mais venait se reposer chez nous, dans l'appartement. Il s'écroulait sur le lit de papa, nous demandait de le réveiller deux ou trois heures plus tard. Il était épuisé par le manque de sommeil, et le réveil matin se révélait inutile. J'avais trouvé l'astuce : j'ouvrais brutalement la porte de la chambre en criant : « Police ! » Mohamed bondissait hors du lit, se précipitant instinctivement vers la fenêtre, et s'arrêtait net en réalisant que la « police », c'était moi. Il éclatait de rire...

Mohamed a eu d'autant plus peur de cette traque que sa barbe avait poussé : dans le maquis, au cours des deux mois d'enfer qu'il venait de traverser, nul ne songeait à se raser. Il était déjà tellement difficile de se procurer à manger ! Il avait, m'a-t-il plus tard raconté, passé des journées entières la faim au ventre. Avec ses compagnons d'armes, il s'était nourri de racines, avait compté les jours avant que le printemps revienne et que les arbres commencent à donner leurs premiers fruits qu'ils cueillaient sans leur laisser le temps de mûrir. « De gré ou de force, chrétiens ou musulmans, nous étions tous devenus des "barbus" affamés », m'a-t-il dit en riant, « barbu » signifiant, dans le jargon du régime, « redoutable islamiste ». Moi, j'en riais jaune, je le suppliais de trouver un moyen de se raser, en s'arrachant les poils s'il le fallait. Il riait encore plus fort, sans doute pour me rassurer. J'étais loin, je tremblais pour lui.

Sitôt la trêve déclarée, nous avons repris nos maigres bagages et nous nous sommes entassés dans la voiture de papa : Zabadani nous manquait, nous ne supportions plus la vie à l'étroit dans le deux pièces de Damas, les médisances de ma grand-mère, son acharnement qui avait repris de plus belle contre ma mère et, par ricochet, contre nous, ses filles. Hamouda, lui, avait droit à un traitement privilégié qui acheva de le déstabiliser : « Toi, tu es des nôtres », lui répétait ostensiblement ma grand-mère pour qui, à la manière du parti Baas au pouvoir, le monde se divisait entre « les nôtres », la petite tribu, et tous « les autres », les ennemis.

Nous avons franchi un nombre incalculable de barrages. Nous avons été fouillés, papa et Hamouda surtout : à onze ans, mon petit frère faisait déjà figure de suspect aux yeux du régime. A ce rythme, il nous a fallu un peu plus de cinq heures pour traverser les soixante kilomètres séparant Damas de Zabadani. Quand nous sommes arrivés aux abords de notre bourgade, nous ne l'avons pas reconnue : toute sa périphérie n'était plus que décombres. Pendant des jours et des nuits, l'armée du régime avait systématiquement pulvérisé chaque maison, chaque immeuble, chaque bâtiment, pour empêcher les rebelles d'y trouver refuge. Le spectacle prenait à la gorge, l'odeur de la mort flottait dans l'air, la poussière des démolitions n'était pas encore retombée, la chaleur, le soleil de ce début avril rendaient le spectacle encore plus sordide.

Mohamed se cachait, nul ne savait où, pas même Hamouda, mais il est venu, le soir même, nous voir et nous rassurer. Il était dépenaillé, amaigri. Il dégageait une forte odeur de sang séché, maman s'en est inquiétée. Il nous a raconté les combats, les morts et les blessés qu'il transportait dans ses bras, les uns pour les enterrer, les autres pour essayer de les soigner avec les moyens du bord. Des médecins et des étudiants en médecine avaient rejoint la rébellion, ils avaient établi un « hôpital de campagne » où les instruments étaient des couteaux de cuisine et du fil à coudre récupéré dans l'échoppe d'un cordonnier. Mohamed était à bout. Ce ne sont pas les combats qui l'avaient achevé, mais leur issue. Le retour des *moukha-*

barat, les services de renseignements, des arrestations arbitraires, de la terreur inhumaine qu'ils faisaient délibérément régner en ville. Leur mission était évidente : nous harceler, nous faire peur, nous faire plier, nous faire rendre grâce. Se doutaient-ils que, par leurs agissements, ils nous motivaient encore plus dans notre volonté de nous révolter, de nous débarrasser d'eux ? Non, ces hommes-là étaient dressés comme des robots. Ils étaient des robots programmés pour nous anéantir, moralement et physiquement. Nous vivions un film de science-fiction. Malgré leur présence en ville, les bombardements se poursuivaient, sporadiques. Oh, pas grand-chose : deux ou trois obus par jour, tirés pour nous délivrer un unique message : « Gare à vous, nous sommes là. »

Maman souffrait, depuis quelque temps, de maux de tête que nous avions d'abord mis sur le compte du climat de Damas, puis sur celui du stress engendré par notre retour à Zabadani. Elle qui avait toujours été très forte, qui ne s'était jamais plaint, s'enfermait de plus en plus souvent dans sa chambre dont même Hamouda n'osait franchir le seuil. La souffrance qui s'affichait sur ses traits faisait peine à voir. Papa la fournissait en analgésiques qu'elle avalait comme des bonbons, en vain. Nous vivions dans des conditions surréalistes, la plupart des médecins avaient déserté la ville ou leur cabinet avait été détruit. Papa n'avait plus de petits boulots pour nous faire vivre, son salaire de fonctionnaire restait aussi maigre, il n'était pas envisageable de payer la visite d'un médecin. Nul parmi nous n'eut la présence d'esprit de conduire ma mère à l'hôpital. Qui va à l'hôpital pour une simple migraine ?

6

Le prix d'un pull

Zabadani devenait trop dangereuse pour Mohamed. Il vivait caché dans le maquis, nul ne savait exactement où, il n'osait pas venir me voir, craignant d'être suivi et de mettre ma vie et celle de ma famille en péril. Il était traqué comme une bête, nommément recherché par les autorités de Damas sous le prétexte qu'il avait déserté le service militaire et était donc devenu « ennemi de l'intérieur », condamné à la peine de mort. Il ne restait plus grand monde en vie, dans les rangs de ses camarades, et il se murmurait que la rébellion bénéficiait désormais de sang frais, de nouveaux renforts qui étaient, eux, rompus au jeu de la guerre. Beaucoup de soldats et de gradés qui avaient déserté les rangs de l'armée, des professionnels du terrain formés en Russie, mais aussi des djihadistes qui affluaient du monde entier, du Pakistan, d'Irak et même de France, de Suède et de Grande-Bretagne. Nous n'aimions pas ces djihadistes, nous détestions leur fanatisme, nous les appelions « les talibans », mais nous avions besoin d'eux : leur courage transcendait les normes humaines, ils partaient à l'assaut sans tenir compte du danger. Ils ne fuyaient pas la mort, mais ils la recherchaient, ils se battaient au besoin à mains nues ou armés d'un simple lance-roquettes pour faire face aux colonnes de blindés, se disputaient pour se porter volontaires pour un attentat-suicide, et ils faisaient évidemment bien plus souvent mouche que nos jeunes gens. Ils voulaient s'en aller en « martyrs » pour rejoindre leur paradis d'Allah et cela les rendait invincibles. Tant qu'ils venaient pour leur djihad et n'entendaient pas faire racine chez nous, nous étions bien contraints de les laisser agir.

Mohamed s'est finalement résolu à partir. Il n'avait plus aucune latitude de mouvement, il était clairement identifié et fiché par les forces de Assad, sans doute y avait-il aussi quelques délateurs au sein de la rébellion : il était cerné, repéré, et il savait que son arrestation n'était plus désormais qu'une question de jours, voire d'heures. Il m'a annoncé son départ au téléphone, la mort dans l'âme. Il m'a promis de m'appeler dès qu'il serait arrivé à destination, sans doute au Liban s'il réussissait à franchir la frontière. Il est parti à pied, avec deux compagnons. Zabadani n'est pas éloignée de la frontière libanaise, mais les montagnes nous séparant du Liban avaient été truffées, par les hommes du régime, de mines antipersonnel. Il entreprit un long détour qui l'a mené sur d'autres champs de bataille : Sahl al-Ward, Rankouss, Homs... Il était parti avec des chaussures ; à l'arrivée, il était pieds nus, son pantalon en lambeaux. Leur passeur connaissait un sentier « en principe » sûr. Ce « en principe » leur donnait des sueurs froides quand, en marchant, ils entendaient des détonations : des animaux sauvages qui marchaient sur des mines et explosaient avec elles... Ils ont marché sans s'arrêter. Ils ont attendu la nuit pour franchir la frontière, en clandestins, se glissant entre les doubles mailles de filet des forces du régime syrien et de son indéfectible allié, le Hezbollah libanais. Et il est allé rejoindre la cohorte de réfugiés. Il était en vie, c'était pour moi l'essentiel. Il m'a appelée, peu après son arrivée, m'a dit la vraie raison de son départ de Syrie : « J'ai quitté Zabadani pour toi, pour pouvoir te retrouver. Tu m'as fait connaître le goût du bonheur, ça aurait été stupide de mourir maintenant. »

Aussitôt après le départ de mon fiancé, ma famille paternelle a estimé qu'elle avait le champ libre pour me recaser, avec un homme de Damas cette fois, et si possible mon cousin à qui, me dit mon père, je ne déplaisais pas. Je lui ai répondu la vérité : ce cousin n'avait pas plus envie que moi de ce mariage ; en réponse, j'ai eu droit à une solide paire de claques pour insubordination.

Pendant ce temps, l'Armée syrienne libre, désormais plus professionnelle, marquait des points dans notre bourgade et ses environs ; en retour, les bombardements se faisaient plus fréquents, à raison d'une heure ou deux par jour, toujours à l'improviste, de manière que les premières bombes tuent le plus de civils possible. L'armée aussi s'était professionnalisée, et chaque obus atteignait une cible. Il se murmurait que les artilleurs syriens, assez peu précis, avaient cédé la place à des pasdarans iraniens, et même à des miliciens du Hezbollah. Ceux-là savaient nous faire mal, nous endormir par de longues heures de calme absolu et, d'un coup, abattre une nuée d'obus de tous calibres sur nous.

Le bruit des explosions se rapprochait dangereusement : de toute évidence, notre vieille ville, à nouveau libérée, était désormais prise pour cible. Notre appartement ne nous offrait aucune protection : ses murs, son plafond auraient été transpercés par la plus petite de ces bombes. Les bombardements sont devenus intensifs. Au deuxième jour, nous sommes descendus nous réfugier dans le sous-sol d'une vieille maison voisine où une bonne partie de notre quartier s'était déjà entassée. Du moins ceux qui étaient revenus à Zabadani, parce qu'ils n'avaient nulle part ailleurs où aller. J'ai détesté ce lieu, la promiscuité à laquelle nous étions contraints, le bruit des conversations, les pleurs des enfants et les sanglots des plus grands. L'atmosphère y était irrespirable, le brouhaha continu. Nous étions terrés comme des rats, les plus téméraires parmi nous profitaient de la moindre trêve pour se hasarder à l'extérieur, courir chez eux et revenir les bras chargés de provisions et de bouteilles d'eau. Je pleurais Mohamed, Hamouda était de plus en plus terrorisé, ma sœur tentait tant bien que mal de seconder ma mère, je survivais dans l'obsession de regagner notre appartement, mais maman me l'interdisait. Me l'aurait-elle permis, je n'aurais sans doute pas osé mettre le nez dehors où s'abattait un déluge de fer et de feu. C'est là que nous passions nos nuits.

Pendant la journée, les bombardements se calmaient. L'école n'ouvrait évidemment plus ses portes. Les enseignants avaient tous déserté leurs postes, jugeant stupide de risquer leur vie pour des salaires de misère. Par contre, certains d'entre eux, qui habitaient dans notre quartier, proposaient des leçons particulières que papa s'obstinait à me refuser. « Tu n'as qu'à demander à Mohamed de te les payer. Moi, je n'en ai pas les moyens », me dit-il un jour. Ma grand-mère maternelle s'était proposée de nous aider : « Elle est fiancée, elle n'a plus la tête à ses études », lui a répondu papa. Peu après, comme pour nous narguer, il a envoyé à sa mère une somme qui aurait pu couvrir au moins cinq cours. Pour se justifier auprès de maman, il lui dit qu'il offrait un déjeuner de famille et que les denrées coûtaient cher au marché noir. « Cette somme se volatilisera le temps de la digestion, lui lança-t-elle, excédée. Le diplôme, c'est pour la vie. » Il haussa les épaules et accompagna ce geste d'une moue méprisante. Papa avait toujours eu un faible pour sa famille ; il franchissait un pas supplémentaire en nous privant, en ces temps de disette, pour mieux leur donner.

La sauvagerie de cette guerre déchaînait en la plupart d'entre nous des pulsions d'une violence d'autant plus exacerbée qu'elle avait été réprimée pendant des décennies. De gré ou de force, le Baas avait transformé son peuple fier en un troupeau d'agneaux incapables de se défendre contre les loups qui les dévoraient. Sur les champs de combat, et plus encore à l'égard des civils, ces pulsions donnaient lieu à des scènes indescriptibles de massacres collectifs. Nos hommes avaient perdu toute notion de pitié, de compassion, de fraternité. Papa n'était pas épargné par ce syndrome. Il en avait été atteint après avoir goûté aux prisons du régime. A force de voir, d'entendre, de lire des histoires qui n'avaient rien à envier aux films de terreur de série B, il ne cherchait plus à se réprimer. Son agressivité était sa revanche sur toutes les brimades qu'il avait reçues, ici, en Syrie.

Un pull que m'avait offert Mohamed au début de nos fiançailles a servi de catalyseur. C'était un joli pull, très léger, idéal pour les soirées de la mi-saison qui chez nous durait six mois. Je le portais souvent, il était seyant et bien couvrant, comme le veulent les règles de la pudeur dans mon pays. Je l'avais porté à Damas quand nous étions réfugiés chez mes grands-parents, et nul n'avait trouvé à y redire. Du moins en face de moi. Je l'avais porté une fois de plus ce matin-là pour aller faire quelques courses chez l'épicier du coin quand papa m'a barré la porte. « Va te changer ! » Sincèrement interloquée, j'ai essayé de l'écarter. Mon geste a déclenché une crise de fureur à la mesure du drame qui bouleversait le pays : c'était la première fois que je voyais mon père dans cet état-là. Il m'a insultée, m'a traitée de traînée. Il s'est agrippé au pull : « Il est trop court. Quand tu hausses les bras, on en verrait presque ton ventre. Tu n'as pas honte de circuler ainsi dans la rue ? Que vont dire les voisins ? » Je commençais tout juste à protester quand une avalanche de coups s'est abattue sur moi. Toujours agrippé à mon pull, mon père m'a traînée sur le sol vers la cuisine. Et l'inimaginable s'est produit : il a sorti un grand couteau du tiroir. « Tu me déshonores, je vais te tuer. » Je n'en croyais pas mes yeux : mon père brandissait un couteau contre moi ? Il menaçait de me tuer, comme dans les tragiques récits de la campagne où ont encore cours les crimes dits d'honneur ? « C'est *haram* », hurlait-il, reprenant le mot fétiche de sa mère, ce mot qui, dans la religion, désigne ce qui n'est pas licite, ce qui n'est pas *hallal*. Ma famille paternelle avait démesurément étendu le mot *haram*, elle avait inventé une religion qui avait pour nom le *haram*, l'interdit. Elle en excluait la médisance et la méchanceté, il semble que le meurtre en était, lui aussi, désormais exclu. J'étais terrifiée, j'ai hurlé. Quand maman a tenté d'intervenir, papa, déchaîné, s'est jeté sur elle, il lui a attrapé la tête, « celle sale tête dont tu te plains toujours », et il l'a cognée contre le sol, contre les murs, contre les meubles. Les voisins entendaient certainement nos cris de détresse qui couvraient à peine les bordées d'injures se déversant en avalanche de la bouche de mon père. Ils ne sont pas intervenus : dans de telles circonstances, chacun suppose que le père de famille a de bonnes raisons de corriger les siens, et on le laisse faire.

Raghad, ma sœur, n'a pas non plus été épargnée. Le seul rescapé était Hamouda dont papa semblait avoir oublié l'existence. C'est lui qui a décroché le téléphone, appelé ma grand-mère maternelle : « Viens vite, papa veut tuer maman. » La tempête a fini par s'apaiser, j'ai appelé à mon tour ma grand-mère. Ma tante a répondu, je sanglotais, répondant à ses questions par des hoquets. Je lui ai demandé de venir nous chercher. Dans la demi-heure, l'une de ses amies attendait, sous notre immeuble. Je suis partie avec Raghad : il nous fallait prendre du champ, et maman en fut soulagée. Elle détourna l'attention de papa pour nous permettre de fuir.

Dès que nous sommes arrivées chez elle, moi le visage tuméfié et Raghab dans un état à peine moins lamentable, ma grand-mère a prévenu mon père de notre présence. Elle lui a proposé de venir discuter au calme, sur sa terrasse. Papa lui a déversé une bordée d'injures que nous entendions, dans le combinée, bien que nous soyons à l'autre bout de la pièce. Il l'a menacée, lui a intimé l'ordre de nous renvoyer illico à la maison avant de lui raccrocher le téléphone au nez. Grand-mère nous a servi chacune un verre de sirop et s'est assise entre Raghad et moi. De sa voix douce, elle nous a rappelé qu'Allah nous intimait un seul ordre : pardonner. Quand j'ai rouspété, elle m'a prise dans ses bras. Elle m'a redit ce qu'elle me répétait depuis ma tendre enfance : la religion se résume à des principes très simples, vouloir la paix, ne pas faire de mal aux autres, ne pas monter les uns contre les autres. Je ne l'écoutais pas : je refusais de l'entendre, je voulais juste continuer à être bercée par la musique de sa voix. Les larmes coulaient sur mes joues, inondaient sa robe. Que d'histoires pour un pull ! J'essayais de me raisonner, mais je bouillonnais. Je revoyais ce couteau qui m'avait frôlé la gorge, je me rappelais Mohamed enthousiaste la première fois qu'il m'avait vue vêtue de son cadeau. Je suffoquais face à tant d'injustice.

Ma grand-mère m'a vue bondir vers le téléphone, composer le numéro de la mère de mon père. Elle m'a entendue lui crier : « Tu es contente, maintenant ? » Elle m'a arraché le combiné des mains et, conciliante comme à son habitude, l'a rassurée : « Il n'y a rien de grave, juste une broutille. Ton fils a menacé sa fille d'un couteau, elle est un peu choquée, elle se repose chez moi. » A l'autre bout du fil, ma grand-mère paternelle ne prit pas le temps de réfléchir : « Elle a certainement fait quelque chose de très grave, ce qui ne m'étonne pas, sinon mon fils n'aurait pas sorti un couteau. » Je n'avais jamais vu ma grand-mère maternelle en colère. Cette fois non plus, elle n'a pas élevé la voix, mais son ton était plus violent que mille coups de couteau : « Qu'avons-nous fait à ton fils à part le hisser du bas vers le haut ? Et dans notre haut, on ne tue pas une fille, sa fille, avec un couteau. » Ce fut une déclaration de guerre entre les deux familles qui, déjà, ne s'aimaient pas. Un déluge de haine qui, dans les semaines qui ont suivi, a transformé une tragédie en cauchemar...

7

Maman

Maman était une lady. Elle était jolie, avait de grands yeux ombragés d'immenses cils, une peau très fine, très blanche, dont j'ai hérité. Elle aimait se maquiller, se coiffer, rire et plaisanter, et elle était une parfaite maîtresse de maison. Elle ne criait jamais comme nos voisines, exigeait de nous une discipline qui dénotait à Zabadani, notre bourgade montagnarde dont les habitants, burinés par le soleil, ont la réputation d'être de fortes têtes assez rustiques. Elle n'avait jamais vécu dans une grande ville, elle ne supportait pas le confinement et ses manières étaient celles d'une grande dame.

Quand ma grand-mère nous a ramenées chez papa, ma sœur et moi, maman nous a regardées toutes les trois, ses yeux se sont remplis de larmes. Elle n'a pas dit un mot, elle s'est contentée de nous accueillir. Papa a tourné le dos, il est sorti de la maison en claquant la porte. Il ne m'a plus adressé la parole dans les jours qui ont suivi, et j'en ai été soulagée. Mohamed n'était plus là pour me soutenir, me défendre. Pour nous défendre : en sa présence, mon père n'osait jamais élever la voix, il le respectait et le craignait.

Les migraines de maman se faisaient ininterrompues et rien ne soulageait la douleur. Elle évitait de parler, de bouger, j'avais pris le relais pour m'occuper de la maison et la nuit, dans l'abri surbondé, elle faisait peine à voir. Pour la première fois de sa vie, elle se négligeait. Des cernes noirs encerclaient ses yeux, sa pâleur était devenue lividité, parler devenait pour elle une souffrance intenable et le moindre rayon de lumière lui était insupportable. Elle avait perdu l'appétit et beaucoup maigri. Maman avait trente-huit ans, elle en paraissait désormais quinze de plus. Papa s'inquiétait : il la connaissait forte, insubmersible, il la découvrait terriblement fragilisée. Il pestait contre les cachets qui lui avaient été prescrits par un médecin qu'ils avaient fini par consulter, et contre le médecin lui-même, « incapable de soulager un mal de crâne ». D'habitude précise dans ses gestes, maman faisait montre d'une maladresse troublante. Elle ne parvenait plus à porter un verre d'eau à sa bouche sans en renverser la moitié sur ses habits. Il fallait la nourrir et papa la chahutait, en riant pour ne pas montrer son trouble : « Inutile d'amener la fourchette à ton oreille, le visage de la Syrie va changer mais ta bouche, elle, reste à sa place. »

Il estima qu'un changement d'air lui ferait le plus grand bien. Il était hors de question, dans l'état de maman, de nous installer chez mes grands-parents à Damas. Sans doute aussi que, pris de pitié, papa voulait lui épargner les inéluctables piques de sa propre mère. L'oncle de ma mère, gardien de la demeure qu'un riche Saoudien s'était fait construire sur les hauteurs de notre bourgade, est venu à notre secours. Scrupuleux quant à sa mission, il avait toujours refusé d'introduire quiconque dans cette villa que nous lui avions plusieurs fois demandé de visiter, en vain. Très isolée, elle était relativement épargnée par les bombardements. Il nous invita à y passer quelques jours, le temps que maman se remette sur pied.

Nous sommes partis sous un déluge de bombes, tandis que des hélicoptères nous survolaient, probablement en guise de repérage. Un schéma qui, dans la guerre syrienne, signifiait que les forces du régime avaient été totalement chassées de la bourgade. Seuls y subsistaient leurs « ennemis », c'est-à-dire leur peuple, pour lequel elles n'avaient aucune compassion. Ce schéma avait une suite qui nous terrorisait encore plus que les bombardements : le retour de ces forces selon un plan déjà mis en œuvre dans d'autres villages et dans les quartiers périphériques des grandes villes :

les bombardements aériens sous lesquels les bâtiments s'effondraient tels des châteaux de cartes, la fuite inéluctable de tous ceux qui tenaient, un tant soit peu, à leur vie, puis une incursion rapide, armes à la main, des troupes inféodées aux Assad qui commettaient alors, sans aucun état d'âme, un massacre de masse, un génocide. Plusieurs fosses communes ont déjà été découvertes à travers la Syrie. Des dizaines, des centaines de cadavres y gisent, rebelles et civils, femmes et enfants, jeunes et vieux, balancés là à la hâte, enterrés pour dissimuler les traces de l'effroyable crime. Le tour de Zabadani venait sans doute, et nous étions tous soulagés de pouvoir, pour quelques jours, fuir le noir destin qui nous attendait.

Au quatrième jour, la santé de ma mère s'est fortement dégradée. Ses paroles devenaient inaudibles, incompréhensibles. Elle ne criait pas sa douleur : chaque cri lui était souffrance. Quand elle s'est levée de son lit ce jour-là, en début de matinée, elle s'est écroulée sur le sol. Nous avons entendu le bruit de sa chute, nous nous sommes précipités pour l'aider à se relever. Elle s'agitait étrangement. Seule la moitié de son corps bougeait; l'autre moitié était paralysée. Papa l'a portée dans ses bras : elle n'était plus bien grosse. Il l'a, tant bien que mal, calée sur le siège arrière de sa voiture, m'a demandé de l'accompagner. Nous avons filé au petit hôpital de Zabadani, transformé en désert. Quand le seul médecin encore sur place a daigné s'occuper de nous, maman était dans un état quasi comateux. Faute de pouvoir l'interroger, et de toute évidence aussi perplexe et démuni que nous, il demanda à un infirmier de lui radiographier le crâne. Face aux radios, il prit un air concentré. « Il y a une boule. Probablement une boule de sang qui va se résorber toute seule. » Il examina rapidement ma mère, lui palpa le ventre et releva la tête dans notre direction, avec un grand sourire : « Mais elle est enceinte ! C'est ce qui explique tous ses symptômes ! Ça ira mieux dès que la grossesse sera plus avancée. Chez certaines femmes, les premiers mois sont les plus pénibles. D'autres, qui les traversent sans mal, sont ensuite obligées de s'aliter jusqu'à l'accouchement. Inutile de vous inquiéter, rentrez chez vous. »

Il ne fallait pas être un grand ponte pour comprendre que ce diagnostic ne tenait pas la route. L'infirmier nous a aidés à installer maman dans la voiture, et nous avons été au second hôpital de la ville, une sorte de dispensaire amélioré où, après un examen rapide et un survol de son dossier, un autre médecin (mais était-il médecin ?) s'est voulu rassurant : « Elle n'a rien, un peu de fatigue, le stress dû à toute cette situation. Elle est enceinte ? Quelle bonne nouvelle, félicitations ! Je vous souhaite un beau garçon. » Maman n'était certainement pas enceinte, mais il n'y avait pas moyen de faire entendre raison à ces pseudo-blouses blanches. Elle respirait de plus en plus mal, sombrait, sous nos yeux, dans un état d'inconscience fort préoccupant. J'ignore comment papa a réussi à dégoter une ambulance, de surcroît relativement bien équipée – en tout cas selon les critères du service public syrien. En début d'après-midi, nous étions en route pour Damas, maman dans l'ambulance, Raghad, Hamouda et moi dans la voiture de papa qui la suivait. Quel calvaire, ce trajet ! Tous les quelques kilomètres, un barrage de l'armée du régime nous arrêtait, nous fouillait. Des soldats dépenaillés entraient dans l'ambulance, déplaçaient maman avec brutalité pour s'assurer qu'il n'y avait pas d'armes sous le brancard, rigolaient en échangeant des plaisanteries salaces. Nous étions en plein mois de ramadan, il faisait chaud, nous étions épuisés, mais j'avais l'impression que tout cela ne faisait que stimuler leurs pulsions sadiques. Pourquoi nous torturaient-ils ainsi ? Pourquoi étaient-ils incapables de compassion ? Avions-nous donc à ce point le visage de « l'ennemi » ? Ne comprenaient-ils pas que de tels agissements nous feraient sans doute basculer, si nous ne l'avions déjà fait, dans le camp des « anti » ? Qui étaient donc les abrutis qui leur donnaient de tels ordres ? Car il est évident qu'ils n'auraient pu agir de la sorte de leur propre chef : ils en avaient reçu l'autorisation, voire la consigne. Je voyais les humains se transformer en bêtes sauvages. L'oxygène commençait à manquer à maman quand nous sommes arrivés, cinq heures plus tard, à l'Hôpital général de Damas. Cinq heures pour franchir une soixantaine de kilomètres sur une route quasi déserte, cinq heures scandées par les détonations, les bombardements, les combats. C'était, désormais, le temps moyen qu'il nous faudrait pour relier ces deux villes voisines.

L'ambulancier déposa ma mère à l'entrée des urgences. Papa lui avait sans doute remis une belle enveloppe puisqu'il prit la peine de nous aider à la transporter dans la grande salle d'accueil où d'autres malades gisaient, comme elle, dans l'attente d'on ne sait trop quoi. Le personnel n'était pas nombreux – c'est le moins que l'on puisse dire : l'Hôpital général comptait avant guerre une bonne centaine de médecins, il n'en restait plus que cinq ou six, les autres s'étaient volatilisés, certains ayant quitté la ville ou le pays, d'autres jugeant, à bon escient, plus sûr de ne pas rejoindre leur poste de travail dans l'état d'insécurité qui régnait. En fait, tout le monde s'en fichait, chacun ne songeait qu'à sauver sa peau. Le bruit des bombardements se faisait plus intense : la nuit commençait à tomber et les combats feraient, ce soir encore, sans doute rage à la périphérie de la capitale. Papa me laissa là, avec ma mère : j'étais l'aînée, j'étais appelée à le seconder. « Elle doit s'endurcir », dit-il à la sœur de maman qui s'affolait de me voir passer la nuit seule dans cet environnement surréaliste. Quand elle lui a rétorqué qu'il y avait d'autres moyens de nous endurcir, il a haussé les épaules et il est parti. « Je suis fatigué, je vais dormir. »

Il était presque minuit quand maman a été installée dans une chambre. Je doute que quiconque ait pris le temps de lire son dossier, pas plus que ceux des autres malades. Les blessés affluaient et, quand ils étaient escortés d'hommes armés, ils avaient la priorité. Les quelques médecins encore présents étaient dans un tel état d'exténuation que je doutais qu'ils soient capables de prendre les bonnes décisions. Ils étaient en tout cas hors de notre portée, pris d'assaut par les hommes armés, les hommes du régime qui les obligeaient à s'occuper de « leurs » blessés au détriment des autres malades. Qui aurait osé leur dire non ? Il y a eu des médecins tués à bout portant pour s'être révoltés. Il y en a eu d'autres qui s'étaient d'abord estimés plus chanceux, qui s'étaient considérés respectés dans leur décision, mais que la police du régime vint arrêter quelques jours plus tard. Leur « non » leur avait valu un « rapport », c'est-à-dire une fausse dénonciation, l'accusation d'avoir soigné des « ennemis » au détriment de fidèles du régime. Certains d'entre eux ont disparu et ne sont jamais revenus de prison. D'autres ont quitté le pays après avoir été emprisonnés puis libérés. Sur

YouTube circulent des vidéos montrant leurs corps torturés...

Papa est revenu en milieu de journée. Sans doute m'étais-je déjà habituée au délabrement des lieux ? Ou bien étais-je tellement fatiguée que je ne voyais plus rien ? Quand il s'est approché de maman et a soulevé légèrement le drap crasseux qui la recouvrait, un énorme cancrelat s'en échappa. Puis un autre. L'hôpital était envahi de cafards. Il était dans un état de saleté repoussante : cela faisait sans doute des jours, voire des semaines, qu'un coup de balai n'avait pas été donné, que les lits n'avaient pas été changés. Mais qui, ici, aurait eu le temps de s'en préoccuper ? Les deux jours que maman y passa ont été un calvaire pour nous tous. J'entends encore sa voix quand, émergeant de son semi-coma, elle nous suppliait : « Sortez-moi d'ici, je préfère encore que vous me jetiez dans la rue. » Sans doute n'avait-elle pas tort : le seul médecin qui nous avait approchés, pendant trois minutes, avait jeté un rapide coup d'œil à son dossier et avait souri : « Ah, elle est enceinte ! » Il n'avait pas écouté nos objections, s'était déjà éloigné.

C'est à ce moment, je pense, que papa a pris une décision très dure pour lui : se séparer de sa voiture, cette vieille voiture dont il avait toujours rêvé, qui avait été pour lui le plus beau signe de promotion sociale, acquise grâce à la tontine à laquelle il continuait chaque mois de cotiser. Il ne l'a pas vendue : il l'a louée. C'était un nouveau marché qui démarrait en Syrie : les « riches », donc les proches du régime, ceux qui avaient les moyens de s'offrir de belles bagnoles, bien neuves, bien voyantes, cherchaient, pour des raisons évidentes de sécurité, à gommer tout signe extérieur de richesse, même relative, qui aurait attiré l'attention sur eux et les aurait désignés à la vindicte. Damas était pour l'heure entre les mains du régime, mais quand elle tomberait, il est certain qu'elle n'échapperait pas à une « épuration », un mot terrible pour désigner une réalité bien humaine. Combien de personnes brimées, martyrisées par le régime, voudront-elles prendre leur revanche ? Nous ne sommes pas tous des Gandhi. C'est sans doute un brave homme qui fit affaire avec mon père puisque, apprenant les soucis de santé de ma mère et les frais afférents, il lui paya, rubis sur l'ongle, cinq mois d'avance de location. Ou bien était-il tellement riche que ces cinq mois, une fortune pour nous, ne représentaient pour lui que le prix d'un dîner dans l'un de ces restaurants de luxe fréquentés, dans la capitale, par la mafia du régime ? Qu'importe : nous avions désormais de quoi transporter maman dans une clinique privée.

La clinique se trouvait à Mazzé, la banlieue chic de Damas. Elle avait connu son heure de gloire, sa réputation était en tout cas bien assise, mais c'était avant le début de la guerre civile qui déchire mon pays. A Damas, les ambulanciers réclamaient un tarif prohibitif pour y transporter maman. C'est donc un taxi qui nous y conduisit, ma mère calée à l'arrière, entre ma sœur et moi, Hamouda à l'avant, à côté de papa et du chauffeur. La clinique était relativement propre, en tout cas les cafards étaient moins nombreux qu'à l'Hôpital général, mais le personnel n'était pas plus abondant. Et, comme à l'hôpital, la priorité des soins était accordée aux blessés. Mais pas à tous les blessés : ceux « du régime » arrivaient dans des voitures toutes sirènes hurlantes, des hommes armés et vociférant les escortaient jusque dans les salles d'opération, ils bousculaient les autres malades, et je les ai vus pointer leurs mitrailleuses sur un médecin, contraint de laisser en plan la femme à qui il délivrait des premiers secours pour s'occuper, *manu militari*, de trois « blessés du régime » qui, je l'avoue, étaient dans un sale état. Ce médecin a dû fuir dans la nuit : je ne l'ai plus revu.

Maman, elle, a eu droit à un vague examen. J'étais seule à son chevet quand j'ai réussi à alpaguer une blouse blanche qui passait dans la pièce. Ce médecin-là a constaté ses indescriptibles douleurs à la tête, la paralysie qui la gagnait, le coma dans lequel elle s'enfonçait d'heure en heure, il a lu son dossier. « Tant qu'elle n'a pas accouché, je ne peux pas l'opérer de la tête. Elle perdrait le bébé. » J'ai fondu en larmes, il a ricané quand je lui ai rétorqué que maman n'était pas enceinte, qu'elle était certainement atteinte d'une maladie grave, elle qui n'était jamais tombée malade auparavant. J'ai eu droit à un rictus méprisant : « C'est écrit dans le dossier. Vous ne pouvez pas en savoir plus qu'un médecin, non ? »

Papa commençait à lâcher prise. Il passait l'essentiel de ses journées dans sa famille, assistait avec les siens aux repas de rupture du jeûne. La mère de ma mère venait régulièrement nous voir, ce qui était en soi une épopée puisque, outre les bombardements, les abords de l'hôpital étaient la cible de francs-tireurs supposés viser les rebelles mais qui, de fait, voyaient en chaque ombre un opposant en puissance. C'était le moyen que le régime avait trouvé pour se prémunir des « ennemis » et prévenir d'éventuelles actions de rébellion : tuer les rebelles avant qu'ils passent à l'acte ; à ses yeux, nous étions donc tous des rebelles. Papa ne cachait pas sa détestation pour ma grand-mère. Il savait qu'elle m'aidait à m'occuper de maman, à la nourrir, la nettoyer, la retourner dans le lit, mais il ne pouvait s'empêcher de laisser exploser sa hargne quand il arrivait à la clinique et la trouvait à mes côtés. Le pays était en feu, mais j'avais l'impression que c'est au chevet de ma mère que se déroulait la vraie guerre. Et elle le savait : quand elle émergeait de son état de semi-conscience, elle bredouillait quelques mots qui lui arrachaient d'atroces souffrances, elle me disait qu'elle n'avait pas peur de la mort, mais qu'elle avait peur de mourir et de nous abandonner, nous, ses enfants, entre les griffes de sa belle-famille face à laquelle elle ne serait plus là pour faire rempart, comme elle l'avait toujours fait. Elle n'avait jamais exprimé cette douleur-là de manière aussi abrupte.

Je jeûnais le ramadan, espérant que mes prières, mes sacrifices, aideraient maman. Je n'avais en tout cas plus aucun autre moyen d'action. A ses moments de lucidité, qui devenaient de plus en plus rares, elle me suppliait de partir, de fuir, elle avait peur pour moi, elle voulait me protéger. Mais partir pour aller où ? Il n'était pas question pour moi de tenter de rejoindre Mohamed au Liban : d'une part nous n'étions pas mariés, d'autre part ce voyage-là était sans retour. Et puis, si je partais, qui s'occuperait de maman ?

Le hasard fit croiser à mon père un médecin de Zabadani, un homme excessivement consciencieux qui avait choisi, par vocation, la médecine de famille en province. Quand papa lui a décrit les symptômes et l'évolution rapide de la maladie, le brave homme en fut consterné : « Il est évident qu'elle n'est pas enceinte, je suis quasi certain qu'elle a une tumeur au cerveau. Sans doute une tumeur cancéreuse à évolution galopante. Il faudrait des examens complémentaires pour le vérifier. » A la clinique, un infirmier nous avait conseillé une césarienne. Ce qui fit sursauter le médecin de Zabadani : « Ils prétendent la faire accoucher d'un bébé qui n'existe pas ? Sans doute ont-ils besoin d'un rein ou d'un autre organe et ils en profiteront pour se servir. » Pour lui, nous n'avions qu'une solution : tenter notre chance à l'hôpital Birouni, dédié à la cancérologie. De toute manière, nous n'avions plus le choix : ayant refusé la césarienne, nous étions expulsés de la clinique où, nous dit-on à l'accueil, on manquait de lits face à l'afflux des blessés. Maman, tombée dans le coma, n'était pas la seule malade à être mise à la porte de l'établissement.

J'ai attendu papa à la porte, à côté du brancard. Il n'a pas réussi à trouver une ambulance : il fallait, pour cela, débourser une fortune pour acheter de l'essence au marché noir. « Ils réclament une quantité qui suffirait à faire le tour de la Syrie. C'est à prendre ou à laisser, j'ai donc laissé », me dit-il. Son cousin avait une voiture encore plus vieille que la nôtre, un taxi qui dégageait une épaisse fumée noire et résonnait de bruits pour le moins inquiétants. C'est dans ce taxi que nous avons transporté maman. Heureusement, elle avait complètement perdu conscience.

Avec quels mots décrire le lieu où nous avons atterri, dans la très grande banlieue de Damas ?

Je ne lui donnerais pas le nom d'hôpital. Mouroir, peut-être ? Mais alors, un mouroir comme ceux de jadis, avant la découverte des antibiotiques et des analgésiques, avant la promotion des droits humains, un mouroir prémédiéval péniblement géré par un interne et deux infirmiers. Tous les étages avaient été fermés, les malades, une soixantaine, avaient été partagés, sur des matelas crasseux posés à même le sol, entre deux grandes pièces, l'une pour les hommes, l'autre pour les femmes. Les familles se mouvaient tant bien que mal entre eux, en essayant de ne pas écraser un mourant – parce que, ici, tous les malades étaient des mourants. L'interne, plein de bonne volonté, examina ma mère dès notre arrivée. Son verdict ? « Je ne sais pas la soigner. Il faut attendre un spécialiste. » Notre voisine de matelas attendait depuis une semaine ce spécialiste annoncé ; j'entends encore ses hurlements de douleur, et je rends grâce à Allah que maman ait alors déjà sombré dans le coma. Papa était accroché à son téléphone : il cherchait les moyens de rassembler quelques sous, en fait beaucoup d'argent, pour transporter maman ailleurs, au Liban. Il savait que sa quête était vaine, mais il s'acharnait. Il en devenait fou...

Pourtant, avant le coucher du soleil, papa est parti, me laissant à nouveau seule, avec ma grand-mère, au milieu de ces malades décharnés, en train d'agoniser dans les pires douleurs, sans morphine ni analgésiques. En fin de soirée, maman a montré des signes d'étouffement, je suis partie chercher de l'aide : l'interne ronflait, les deux infirmiers aussi. J'ai réveillé l'un d'eux, il a grogné, exaspéré : « Je ne peux rien faire, il n'y a pas de médicaments, il n'y a même pas d'aspirine. Laisse-moi dormir et va-t'en. » Au téléphone, papa a eu une réaction identique : « Tu veux me tuer ? J'ai besoin de dormir, de me reposer. » Ma grand-mère paternelle fut odieuse, comme à son habitude : « Si ta mère est en train de mourir, je ne veux pas que mon fils meure lui aussi. Laissez-le respirer. »

Ma maman est morte au petit matin. Il faisait chaud, nous étions en plein été, l'odeur d'autres morts flottait dans l'atmosphère, imprégnait nos narines, nos vêtements, notre peau. Elle est morte au milieu des cris de ceux qui tardaient à la rejoindre. Morte aux côtés de sa voisine de matelas qui s'était tue une heure plus tôt, qui était partie elle aussi, mais nul ne semblait s'en préoccuper – sa famille avait dû sortir se ravitailler et n'était pas encore rentrée. Maman est morte difficilement. Sa respiration se faisait lourde, laborieuse, ses râles étaient étouffés par la bave qui coulait entre ses lèvres, ruisselait sur ses joues. Papa a fini par arriver. Je l'ai vu se pencher sur elle, lui murmurer : « S'il te plaît, pardonne-moi. » Il s'accrochait encore à son téléphone, je le regardais. S'il avait de l'espoir, cela signifiait que je pouvais, moi aussi, espérer.

J'ai vu maman mourir. Mais papa était au téléphone, il cherchait de l'argent pour la soigner, maman n'était donc pas morte. J'ai obéi à l'infirmier quand il m'a demandé de sortir de la pièce. Je l'ai vu pratiquer sur elle un massage cardiaque, cinq fois, six fois, j'ai vu maman sans réaction, j'ai vu des malades qui la regardaient, sachant qu'ils seraient les prochains sur la liste. Le spectacle était insoutenable, et il continue de me hanter. A n'importe quel moment, sans préavis, des images s'imposent à moi, je revois dans une sorte de film, ou plutôt de plans-séquences, défiler tout ce que j'ai vu à ce moment-là. Et il y a toujours cette séquence-là, la plus douloureuse, celle du massage cardiaque, sur laquelle mon esprit s'arrête et dont je ne parviens pas à me débarrasser. C'est comme si j'avais un djinn dans la tête...

Papa est reparti dans la même voiture. Le vieux taxi de son cousin. Il avait porté maman dans ses bras, elle était légère comme une plume, il l'avait allongée, tant bien que mal, sur la banquette arrière. Il nous a dit qu'elle n'était pas morte mais qu'elle agonisait. Que nous allions à Zabadani récupérer quelques effets avant de partir pour le Liban, soigner maman.

Je savais que ce n'était pas vrai, je n'entendais plus ses râles, je voyais son visage apaisé, mais je ne voulais pas croire mes oreilles ni mes yeux. Je voulais croire papa. Nous, les trois enfants, avons pris place dans une autre voiture et nous avons suivi le taxi.

Nous sommes retournés à Zabadani. Mohamed n'était plus là pour me donner des nouvelles de notre bourgade, et ce fut donc un choc pour moi, pour nous, de constater que, hormis la vieille ville, il n'en restait plus grand-chose. En une semaine, les bombardements aériens avaient achevé leur sale besogne. Je n'ai pas regardé notre immeuble quand nous avons pénétré dans notre rue. Mon regard a été happé par un groupe de femmes en noir. En nous rapprochant, je les ai reconnues : ma grand-mère, mes tantes, des voisines que nous avions toujours connues et qui étaient, pour nous, plus qu'une famille. J'ai entendu leurs hurlements, j'ai vu leurs bras se lever, leurs mains s'agiter pour battre leur poitrine et leurs joues, leurs visages se dresser vers le ciel pour le prendre à témoin de leur malheur. Je voyais mais je ne voulais pas croire ce que mon cœur me disait. J'ai vu le taxi qui transportait mes parents arriver plus tard, bien après nous : il avait été arrêté à chaque barrage et, à chaque barrage, des soldats avaient voulu les fouiller, vérifier que ce cadavre, transporté sans ambulance ni corbillard, était bien un cadavre et non un rebelle déguisé. J'ai vu le taxi ralentir, les femmes se précipiter aux fenêtres, des hommes les repousser, ouvrir les portières et transporter un corps. Ma mère. Ma mère qui était donc morte : c'est là que mon esprit a admis ce que mon cœur savait déjà. Hamouda s'est précipité dans mes bras. Il a pleuré en silence, sans un bruit, sans un geste, sans un sanglot. Seule la tiédeur de ses larmes qui pénétraient mes vêtements me disait qu'il était encore en vie. Raghad était figée à mes côtés. Elle aussi venait de savoir.

Les autres savaient sans doute depuis plusieurs heures – les heures qu'il nous a fallu pour revenir de Damas à Zabadani. Ils savaient puisque, de l'intérieur de l'appartement, la voix d'un muezzin s'élevait, récitant les prières pour le repos de l'âme de ma maman. Puisque des femmes avaient prévu quelques courses et s'activaient dans la cuisine pour préparer le repas de deuil, un *iftar*, le repas de rupture du jeûne – nous étions en plein mois de ramadan. Elles étaient suffisamment nombreuses pour mettre un désordre que n'aurait pas supporté ma mère. Je n'avais pas la force de le leur dire, je n'avais pas le courage d'aider celles qui l'ont lavée avant de l'entourer d'un linceul et de la déposer sur le sol, comme le veut la tradition. Je suis restée prostrée. Je recevais chaque parole de condoléance comme un coup de poignard. J'attendais que l'on me dise seulement : « Ta mère est morte. » Cette phrase ne venait pas, elle n'est jamais venue. Hamouda s'agrippait à moi. Il n'avait toujours pas compris, il ne voulait pas comprendre, il réclamait maman. Maman qui était là, par terre, si belle. Son visage s'était enfin apaisé. Ses yeux étaient fermés, mais elle souriait. Toute trace de souffrance s'était enfin envolée de ses traits. Elle semblait maquillée, j'avais l'impression qu'elle était évanouie et allait se réveiller. Certains la photographiaient avec leur téléphone. J'attendais qu'elle me parle.

Une poignée d'hommes a escorté mon père et le muezzin au cimetière. Ils ont dévalé les escaliers, ont couru à travers les ruelles, jusqu'à ce que je les perde de vue. Ils n'ont pas tardé à revenir. Comme tous les autres enterrements, celui de maman avait été expédié à la hâte : la vue d'un attroupement, même dans un cimetière, déchaînait le courroux des forces du régime qui, pour peu qu'elles le localisent, l'auraient bombardé jusqu'à ce qu'il ne reste plus aucun survivant. Dès qu'ils voyaient ne serait-ce qu'un seul individu, ils mettaient désormais en route leur artillerie, leurs hélicoptères, leurs mortiers. Ils tiraient partout, et j'ai su que le corps de ma mère était en train d'être recouvert de terre quand un obus s'est abattu non loin du cimetière. Je ne sais pas si elle a été convenablement enterrée. Je sais que papa est revenu en colère. Il avait conservé son calme tant que le corps était encore à la maison, tant que l'influence de maman se faisait sentir sur lui. Brutalement, il s'est déchaîné. Dans un langage ordurier, il a chassé les femmes, pour la plupart des membres de la famille proche de maman, de la cuisine, clamant que nous étions invités à un *iftar*. Elles le regardaient, éberluées : aller à une invitation quelques heures après un enterrement ? Il éructait, elles ont obtempéré. Il a fermé les volets du salon alors que les hommes buvaient encore le café amer que nous offrons dans ces circonstances. Il les a mis à la porte, tout simplement. Nous avons rapidement nettoyé la maison et nous sommes partis. Nous avons claqué la porte derrière nous, sans prendre la peine de tourner la clé dans la serrure : la ville était déserte, et un combattant qui aurait voulu pénétrer chez nous n'aurait pas été freiné par cette porte légère, une porte d'avant-guerre, une porte qui était destinée à préserver notre intimité, non à nous protéger.

Ce soir-là, nous étions effectivement invités à un *iftar*, à Bloudane, chez un ami de papa. Comme tous les *iftars*, ce fut un repas de fête. Des narguilés furent ensuite mis à disposition, « pour la digestion ». Il y eut même un peu de musique, en sourdine, « pour nous changer les idées ». Nous avons passé le reste du ramadan chez cet ami. Et chaque soir, ce fut la fête. Maman était déjà oubliée.

Une semaine plus tard, notre maison de Zabadani était touchée de plein fouet par un bombardement aérien. La boutique de Mohamed a été rasée le même jour, de la même manière. Les armes conventionnelles ne leur ont pas suffi : après les bombes, les hélicoptères sont revenus, ils ont balancé sur ma ville des barils de TNT, puis des bombes incendiaires. Depuis, les troupes du régime ont plusieurs fois tenté d'y pénétrer : en vain. L'Armée syrienne libre repousse régulièrement leurs assauts. Alors ils s'acharnent, ils se vengent, ils pilonnent. Aujourd'hui, il n'y a plus de Zabadani. C'est fini. C'est une terre brûlée, rasée, rayée de la carte. C'est, néanmoins, une terre libérée, vidée de ses habitants, mais peuplée de rebelles. Un jour, il faudra la reconstruire. Me souviendrai-je encore de la maison de mon enfance, pour la reproduire à l'identique ?

8

L'exil

Trois jours après l'enterrement de maman, papa est venu nous haranguer, Raghad et moi. Nous étions invivables, nous dit-il, incapables de lui décrocher un sourire. Au téléphone, sa mère nous a délivré le même message, de manière plus radicale : « Voulez-vous arrêter de faire la tête ? Votre père ne le supporte pas. Oubliez et passez à autre chose. » Mais comment oublier maman ? Comment l'oublier si vite ? Comment continuer de rire, de chanter, de plaisanter, de nous amuser ?

Au sixième jour, la famille de papa a commencé à lui chercher une nouvelle épouse. Chacun y allait de ses propositions, et ce fut rapidement leur principal sujet de conversation. J'appréhendais les visiteurs de Damas. Autour d'un gâteau que j'avais préparé, ils tendaient à papa une photo, plus ou moins nette, d'une « fille à marier », chantaient ses louanges et exposaient ses mérites. Mon père y allait de ses commentaires : « Elle est plus belle », « Elle a l'air plus douce », « Elle est sans doute meilleure cuisinière » – l'étalon étant ma mère dont le nom n'était cependant jamais prononcé. Tapis dans un coin, ma sœur, mon frère et moi laissions parfois échapper une larme. Souvent, personne ne s'en apercevait : notre présence était oubliée. Parfois, l'un de nos invités nous regardait, rigolard : « Ne pleurez plus, on va trouver une autre épouse à votre père, vous aurez une nouvelle maman. » C'étaient des monstres.

A la fin du ramadan, notre séjour à Bloudane se prolongeant, papa a réussi, grâce à la somme qu'il avait reçue pour la location de sa voiture, à trouver une chambre pour nous accueillir. Nous y avons passé trois mois. Ma sœur et Hamouda ont été inscrits à l'école pour la nouvelle année scolaire – et ils ont commencé à la fréquenter en traînant des pieds, les rares jours où elle ouvrait ses portes. Moi, je m'occupais de la maisonnée.

Papa attendait de moi que je tienne cette pièce de manière impeccable. Comment aurais-je pu la transformer en palace ? Nous l'avions meublée de bric et de broc, nous avions été deux ou trois fois à Zabadani tenter de récupérer quelques effets dans les ruines de notre appartement. Nous avions beau soulever les pierres et nous livrer à de véritables prouesses de spéléologie, nous n'avions presque rien pu emporter, hormis quelques couteaux et fourchettes, des livres à moitié déchirés et deux ou trois tee-shirts dans un bien piètre état. Aurions-nous trouvé des meubles, ou même des caisses d'habits, nous n'aurions pas pu les transporter : les barrages des troupes du régime étaient nombreux entre Zabadani et Bloudane, et nos effets auraient très certainement été « confisqués » : c'est ainsi que les soldats amélioraient leur quotidien et continuent de le faire, en rackettant les malheureux qui tentent de sauver leurs derniers biens.

Je passais donc mes journées à astiquer, cuisiner, ranger. En période de guerre, le quotidien absorbe une énergie considérable – surtout quand on a de tout petits moyens et que l'on ne veut surtout pas que cela se sache. Je déployais des trésors d'inventivité pour créer des menus de roi avec le peu dont je disposais, moi qui n'avais, auparavant, jamais cuisiné, juste aidé ma mère – à éplucher des légumes ou à nettoyer les casseroles. Mettre de l'ordre était par ailleurs une mission quasi impossible : la pièce, où nous nous entassions à quatre et où papa recevait sa famille et ses amis, manquait d'espaces de rangement. J'avais beau ôter la poussière, elle revenait comme par enchantement. En tout cas, papa parvenait toujours à débusquer quelques grains qui m'avaient échappé. Je ne l'avais jamais connu aussi sourcilleux quant à l'ordre et à la propreté. Mais il faut dire que je ne l'avais non plus jamais connu aussi violent, méchant, méprisant. « Tu es incapable de tenir ma maison, il me faut une femme », était devenu son leitmotiv. Il savait pourtant que je n'avais pas fait le deuil de maman, qu'un deuil est impossible en quelques semaines. Mais il s'acharnait. Et, bientôt, il adopta le langage de sa mère, nous injuriant, injuriant la famille de maman. Il n'était plus le même homme depuis que l'influence de ma mère ne s'exerçait plus sur lui pour le modérer, l'arrondir.

Je m'épanchais quand Mohamed m'appelait. J'en oubliais qu'il vivait lui-même une tragédie, celle de l'exode. Il ne s'en plaignait jamais, il m'écoutait lui raconter ma maman, autant une copine qu'une mère, différente des autres, que mes amies me jalousaient. Ma maman qui avait osé défier les coutumes et tomber amoureuse de mon père avant de l'épouser. Ma maman qui m'avait traînée avec elle au club de gym quand, à la puberté, j'avais pris quelques kilos qui l'avaient fait frémir. Ma maman qui avait appris seule l'anglais, qui conduisait une voiture, qui avait regardé avec amusement la liaison qui se nouait entre Mohamed et moi et avait précieusement conservé le secret. Ma maman qui était intransigeante avec papa quand celui-ci évoquait un éventuel prétendant pour ma sœur ou moi : « On ne leur imposera pas un mari. L'homme de leur vie, ce sont elles qui le choisiront. » Papa avait fréquenté maman avant de l'épouser, mais il estimait qu'il ne pourrait en être de même pour ses filles dont l'honneur était à protéger. Mon père ne voulait même pas que nous sortions seules dans la rue : c'est trop dangereux, disait-il; ma mère lui tenait tête et elle obtenait gain de cause. Il faut dire que le pauvre homme, accaparé entre ses mille boulots, n'était pas souvent là pour nous surveiller : il partait tôt le matin, revenait à la nuit, exténué. Ce fut une grande chance pour nous.

Là, je devais apprendre à connaître papa. L'apprentissage aurait été moins dur s'il n'y avait mis tant de mauvaise volonté, sous l'influence de sa très conservatrice famille. D'emblée, il nous a déclaré la guerre. Une guerre ouverte dont il devait sortir triomphant.

Nous étions à Bloudane depuis un mois quand il a commencé à multiplier les escapades à Damas, dans sa famille. Hamouda l'accompagnait, ma sœur et moi restions enfermées dans notre petite pièce, punies, nous disait-il, parce que personne n'avait envie de nous voir faire la tête en permanence. Nous ne faisions pas la tête, nous pleurions notre mère. Ce n'est pas la même chose... Au début, nous profitions de son absence pour appeler, en secret, notre grand-mère maternelle et chercher auprès d'elle un peu de réconfort. Le jour où, fou de rage, il a exigé que j'interrompe tout contact avec cette dernière, j'ai su qu'il avait caché un micro dans la pièce pour nous épier. Je m'en doutais un peu : il avait déjà fait allusion à quelques-unes de mes confidences à Raghad, mais je n'avais jamais osé imaginer qu'il aurait été jusque-là. Jusqu'à nous espionner, après qu'il nous eut enfermées à clé...

J'ai essayé, comme ma sœur et mon frère, de fréquenter épisodiquement l'école du quartier quand elle ouvrait ses portes. J'ai vite craqué : il m'était impossible de tout gérer à la fois, d'autant que j'avais accumulé un important retard dans mes études et que j'avais de sérieuses lacunes à combler. Quand papa a fait mine de s'intéresser à moi et m'a demandé pourquoi je baissais les bras, je lui ai, en toute naïveté, exprimé mon besoin de prendre quelques cours particuliers pour une remise à niveau ; il m'envoya paître. « Tu penses que tu les mérites ? » Pour ce qui est de la gestion de la maisonnée, me dit-il, il disposait de deux autres solutions qui me permettraient d'avoir du temps pour reprendre l'école. L'une, à court terme, qui consistait à nous installer à Damas, chez ses parents ; l'autre, à moyen terme, qui était son remariage : une autre femme prendrait le relais. J'ai grimacé, cela me valut une belle paire de claques.

La solution à court terme est advenue plus vite que prévu. Trois mois après notre installation à Bloudane, nous avons à nouveau plié bagage. D'une part, les bombardements se faisaient plus fréquents sur cette localité et, d'autre part, il nous devenait impossible de boucler les fins de mois en payant un loyer : entre l'inflation et le marché noir auquel nous étions contraints, comme tout le monde, d'avoir recours, le salaire de papa devenait de l'ordre du symbolique. Et il ne restait plus rien de la somme que le riche Damascène nous avait avancée en échange de la voiture.

Mon oncle, sa femme et leurs trois enfants étaient toujours dans le petit deux pièces de mes grands-parents. « Nous allons nous serrer », dit ma grand-mère, coupant court à toute éventuelle remarque de leur part. Et elle fit, de Raghad et moi, ses deux souffre-douleur. Elle commença par décider que le remariage de mon père était inéluctable et elle l'entraîna pour une visite chez l'une de ses amies dont la fille, lui assura-t-elle, ferait une épouse parfaite. Je me méfiais d'une belle-mère appréciée de cette femme : j'allais me marier, Raghad m'emboîterait sans doute le pas, mais je craignais pour mon petit frère, mon Hamouda que maman m'avait confié avant sa mort. Je n'ai pas rencontré ma future belle-mère avant ses fiançailles avec papa : « Si elle te voit, elle pourrait bien changer d'avis », me dit ma harpie de grand-mère. Papa m'a appris, non sans fierté, qu'elle donnait des cours de religion à la faculté de théologie de Damas. L'une de mes tantes chanta les louages de ses mœurs : cette théologienne-là ne circulait qu'en grand manteau bleu marine, portait des gants pour dissimuler ses mains des regards étrangers, son voile lui couvrait le front, le menton et évidemment les épaules, et elle envisageait, après son mariage, le port d'un niqab, un voile intégral qu'elle devrait cependant relever pour donner ses cours à l'université où cet accoutrement était interdit. « Elle vient d'une famille conservatrice », ajouta ma tante. Comme si je ne m'en étais pas doutée toute seule... Ma grand-mère voulait hâter l'affaire : les fiançailles de papa ont été célébrées dans la foulée et nous, ses trois enfants, avons été obligés d'y assister. Vu que nous avions fondu en larmes en pleine fête, la famille de papa nous précisa que notre présence ne serait pas nécessaire pour le mariage.

Aussitôt papa « casé », ma grand-mère a commencé à se préoccuper sérieusement de mon sort. Rien ne la détournait de cet objectif : ni la guerre, ni les bombardements, ni l'approvisionnement qui commençait à manquer dans Damas cernée par les combats, ni les coupures d'eau ou d'électricité. Même les prix des denrées au marché noir avaient cessé de l'intéresser. Papa a ouvert le feu, très certainement sur ordre de sa mère. Je devais, me dit-il un matin, prendre l'initiative de rompre mes fiançailles avec Mohamed : ce jeune homme n'était décidément pas de notre milieu, et il n'avait pas les mêmes valeurs que nous. J'en suis d'abord restée interloquée : à Zabadani, Mohamed était un commerçant aimé de tous, on lui reconnaissait des qualités rares de nos jours, la courtoisie, l'honnêteté, la gentillesse, le courage. Maman l'appréciait énormément, elle m'avait encouragée à le fréquenter (mais cela, papa ne le savait pas) et elle s'était réjouie de nos fiançailles. Papa éclata de rire : « Ce provincial sans éducation ? A ce que je sache, il n'a même pas terminé ses études. Il n'a pas le bac. C'est un raté... » Je n'avais pas le bac non plus, je ne me considérais pas comme une ratée mais comme une victime de la guerre. « Toi, c'est autre chose. Tu es une fille, tu n'as pas besoin du bac. » Il était évident que ma grand-mère se devait d'intervenir, et elle se précipita pour le faire : « Honnête ? Gentil ? On ne le voit jamais à la mosquée, ce mécréant. Un jeune homme pieux t'aidera à te parfaire. S'il veut de toi bien sûr, ce qui n'est pas gagné. »

Etait-ce une pique à l'adresse de mon cousin ? Elevé dans cette ambiance conservatrice, il est évident que si je l'épousais, il me harnacherait, selon les souhaits de notre grand-mère, voire bien au-delà. Ce n'était pas un méchant bougre, mais il se considérait « défenseur de la religion » et il était fervent partisan d'une certaine charia qui incluait le niqab, les coups de bâton à une épouse désobéissante, le Coran plutôt que la musique à la radio, bref toute l'austérité qui contredit pourtant les préceptes du véritable islam, tel qu'enseigné par ma famille maternelle. Ce cousin n'avait pas plus envie que moi de voir notre union scellée et il s'était ostensiblement réjoui à l'annonce de mes fiançailles. Il a pourtant obtempéré, peut-être par lassitude, et avec l'espoir secret que je saurais nous sortir tous les deux de ce pétrin. Son hypocrisie ne me surprenait pas : elle faisait partie intégrante de ce que j'appelais la « nouvelle religion » prônée par ma famille paternelle, faite de mensonges, d'onctuosité et de méchanceté.

Rompre les fiançailles n'est pas chose aisée. Dans notre pays, comme d'ailleurs dans la plupart des pays musulmans, les « fiançailles » sont la signature du contrat de mariage religieux, en présence d'un uléma et de témoins. Le mariage est l'officialisation de ce contrat et son inscription à l'état civil. Il est surtout une fête qui marque l'entrée du couple dans la vie commune. Remettre le compteur à zéro exige donc le consentement des deux partenaires, surtout du fiancé, et l'annulation du contrat religieux.

J'appelai Mohamed, en larmes. Je me rendais compte que je l'appelais bien trop souvent en sanglotant ; lui, par contre, semblait solide comme un roc. Il ne se plaignait jamais, ne geignait jamais. Je me doutais que ses conditions de vie au Liban ne devaient pas être flamboyantes. Je savais qu'il avait de la famille sur place mais, le connaissant, il n'aurait jamais été quémander quoi que ce soit. Il était très évasif les rares fois où je l'interrogeais sur ce sujet et il s'empressait de détourner la conversation. Il m'avait appris, quelques semaines plus tôt, que ses parents avaient été contraints de fuir pour le Liban. Sa mère était une maîtresse femme, son père un doux, un pacifiste qui s'était retrouvé entraîné dans la rébellion, sans jamais pour autant porter les armes. La désertion de Mohamed, qui n'avait pas rejoint le service militaire obligatoire, fit peser sur lui une lourde menace de la part du régime. Mohamed craignait, à bon escient, que son père ne soit arrêté et torturé jusqu'à ce qu'il rejoigne lui-même l'armée du régime, en mal de soldats tant les désertions se multipliaient. Il les a aidés à franchir la frontière et, son père ayant un tout petit pécule, il a pu louer, pour lui et sa femme, un deux pièces dans un village libanais. Je savais que Mohamed ne les avait pas rejoints : il était trop fier pour cela. Mais j'ignorais où il dormait. Probablement sous l'une des centaines de tentes grises offertes par les Nations unies aux réfugiés, mais cela, je préférais ne pas l'entendre, ne pas le savoir.

Mohamed a frôlé la crise d'apoplexie quand je l'ai mis au courant des projets maritaux que mon père et sa mère nourrissaient pour moi. Ma future belle-mère abondait dans leur sens. Mais de quoi se mêlait-elle, celle-là ? Se prenait-elle pour ma mère ? Je refusais d'engager la conversation avec elle, comme me le proposait papa. Il passa ses nerfs sur moi, tout ce qu'il avait accumulé comme tensions, réactivées par l'obligation qui venait de lui être intimée de participer au référendum constitutionnel et de voter « oui » à la nouvelle constitution voulue par Bachar Assad. Comme la plupart des autres fonctionnaires, il y était allé la mort dans l'âme, mais il y était allé quand même. Il n'avait pas eu le choix : sans le récépissé qui lui fut délivré, il aurait été radié de la fonction publique puis, dans un deuxième temps, arrêté et emprisonné. Ne pas voter « oui » signifiait, bien sûr, avoir rejoint l'opposition...

Il avait baissé la tête devant le pouvoir sanguinaire qui régnait sur mon pays ; il s'est défoulé sur moi, pour se prouver qu'il était encore un homme. J'en ai entendu, des horreurs, sur mon futur époux ! Il avait, je l'ai appris plus tard, droit, de leur part, aux mêmes horreurs à mon sujet. Mon téléphone était surveillé, j'étais surveillée. L'étau se resserrait sur moi. C'est par des voies détournées que Mohamed a finalement réussi à me joindre. Son message était bref : il me donnait le nom d'un passeur qui m'attendrait le lendemain matin, non loin de l'appartement de mes grands-parents, pour me conduire auprès de lui, au Liban. Le voyage était risqué, mais après tout, qu'avais-je à perdre ? Ma vie ? Elle ne valait plus la peine d'être vécue...

Je suis partie sur un coup de tête. Il ne fallait surtout pas que je réfléchisse : c'était un projet insensé. J'ai quitté Damas avec quelques effets fourrés dans mon cartable d'écolière, pour ne pas éveiller les soupçons des miens. J'ai franchi la frontière en me parlant à tue-tête : « Tu pars pour une courte période. Tu reviendras vite. » Au fond de moi, une voix me disait que ma vie était en train de basculer. Je faisais taire cette voix. J'ai hésité, j'ai parlé, j'ai avancé. Je me doutais que je n'empruntais pas un chemin tapissé de pétales de roses. Je m'en allais vers l'inconnu, j'endossais le statut de réfugiée et, pire encore, celui de fugitive vis-à-vis de ma famille. Je m'enfuyais pour rejoindre un homme qui n'était pas mon mari, un étranger donc, et je sais ce qu'il advient, chez moi, aux filles qui agissent ainsi. Elles souillent l'honneur de la famille, et l'honneur ne se rachète que par le sang.

Vingt-quatre heures plus tard, Mohamed était enfin devant moi. Nous nous sommes longuement regardés, en silence. Je n'ai pas osé m'approcher de lui, nous ne nous sommes même pas effleurés. J'avais conscience de la redoutable transgression que je venais de commettre en le rejoignant. Il savait que cette « faute » ne me serait jamais pardonnée par ma famille. Il a pris la décision qui s'imposait : il m'a conduit dans sa propre famille, auprès de sa mère et de son père auxquels il m'a confiée. Je ne savais pas si j'étais heureuse ou malheureuse, je ne savais pas s'il me fallait rire ou pleurer.

J'avais peur d'appeler papa. C'est le père de Mohamed qui l'a fait pour moi. C'est lui qui a essuyé les colères tonitruantes et les menaces dantesques : « Cette fille a souillé notre honneur. Elle sera égorgée, lui a répété mon père. – Ils vivent comme frère et sœur, l'honneur de Fayza est désormais le nôtre », répondait mon futur beau-père. Après les menaces, il y a eu les promesses : « Renvoyez-la à Damas. Elle sortira, pour son mariage, de notre maison. » La ficelle était trop grosse : me tuer était devenu une obsession pour eux. Dans leur folie, je ne pourrais sortir qu'après les avoir « lavés », c'est-à-dire dans un linceul.

Je savais la famille de papa capable d'envoyer des tueurs à mes trousses. J'avais peur pour ma vie, je tremblais pour Raghad et Hamouda qui, je l'ai appris plus tard, ont été soumis à des interrogatoires incessants, à des coups, à une rage domestique qui culminait tandis que mon pays s'enlisait dans une guerre toujours plus violente, toujours plus sauvage. Mon père fulminait contre moi, contre ma famille maternelle qui a été accusée par lui de sorcellerie. Il éructait le jour où Mohamed lui a annoncé que nous avions arrêté la date de notre mariage et l'a supplié de nous donner sa bénédiction.

Je ne pensais pas que papa viendrait. Il a pourtant franchi la frontière, il nous a rejoints : son statut de fonctionnaire et ses papiers en règle lui permettaient de traverser en toute légalité ces cinquante kilomètres qui représentaient désormais pour moi une distance infinie. Il ne m'a pas embrassée mais il a souri pour la photo. Dérisoire photo qui constitua l'essentiel de la cérémonie : de bonnes âmes nous avaient prêté, pour quelques heures, à moi une robe de mariée et à Mohamed un costume. L'une de ses cousines, habile de ses doigts, m'avait coiffée, nous avions posé sur fond de ciel bleu qui dissimulait les tentes grisâtres, scène de cette photo surréaliste prise tandis qu'un poste de radio diffusait une entraînante ritournelle arabe. Papa m'a donné sa bénédiction. Le soir même, il est retourné à Damas. Le lendemain, il éructait à nouveau au téléphone, parlant encore de déshonneur et de virginité perdue. Sa mère l'avait sans doute sermonné. Il s'est marié à son tour quelques jours plus tard. Je n'ai évidemment pas pu assister à la cérémonie.

Mohamed et moi avons dû rapidement trouver un lieu où nous installer. Nous étions certes les bienvenus chez ses parents, mais leur refuge était bien trop étroit pour nous tous. Avant notre mariage, je partageais l'unique lit avec ma future belle-mère, Mohamed s'installait tant bien que mal, avec son père, sur un bout de canapé. Ce dispositif n'était plus envisageable, maintenant que nous formions un couple. Nous nous accrochions à l'idée d'un toit, un vrai toit qui ne serait pas celui d'une tente : nous avions, l'un et l'autre, peur d'une déchéance supplémentaire, peur de ne plus jamais réussir à remonter la pente.

Les petites économies de mon mari avaient vite été dilapidées : la vie au Liban, même quand on y est réfugié, est infiniment plus chère qu'en Syrie et nous contraignait à devenir regardants sur le prix d'une tomate ou celui d'un bout de pain. Mohamed s'est résolu à vendre les quelques petits bijoux qu'il m'avait offerts pour nos fiançailles. Il les avait achetés en souscrivant à une tontine, comme mon père quand il s'était offert une voiture. Quand il me les avait offerts, maman était encore parmi nous. « Puissent-ils vous porter bonheur », nous avait-elle dit. Mohamed s'est senti profondément humilié de devoir me les reprendre. « C'est peut-être pour notre bonheur », lui ai-je murmuré. Ses yeux se sont, pour la première fois, remplis de larmes. « Tu n'étais pas obligée de me suivre dans l'exil, dans l'inconnu », me dit-il, oubliant que c'était pour moi qu'il avait abandonné les armes et qu'il était parti. Pour que l'on puisse se retrouver.

Le jour où Mohamed a vendu un premier bracelet, je lui ai raconté l'histoire de ce garçonnet qu'un ami de mon père, un journaliste, avait croisé en prison. Cet enfant lui rappelait son fils, il avait le même âge que lui, quatre ou cinq ans. Il pleurait, silencieusement. L'ami de mon père s'était souvenu d'un conte que son fils aimait écouter avant de s'endormir. Il a commencé à raconter : « Il était une fois un oiseau... » L'enfant l'a interrompu : « C'est quoi, un oiseau ? » Interloqué, l'ami de mon père a décrit un oiseau, ses ailes, son bec. L'enfant ne comprenait pas. « Un oiseau, c'est cet animal que tu vois sur les arbres. » L'enfant l'a encore interrompu : « C'est quoi, un arbre ? » L'enfant a passé trois ou quatre jours dans la cellule des adultes, avant de repartir. Trois ou quatre jours à pleurer, silencieusement. Les rumeurs de la prison ont permis à l'ami de mon père d'en savoir plus. Cet enfant était né en prison. Il n'était jamais sorti de la cellule d'isolement où était confinée sa mère sauf pour rejoindre, durant de courtes périodes, quelques jours par-ci par-là, les autres détenus, tous adultes. En fait, les gardiens, pris de pitié, l'y conduisaient quand sa mère sortait de l'isolement pour être soumise à la torture. Elle était emprisonnée depuis très longtemps. L'enfant était né d'un viol, sans doute un viol collectif derrière les barreaux, il n'avait jamais rien connu d'autre que ces murs lugubres et décatis. Les bijoux valaient-ils vraiment la peine d'être pleurés ?

9

Raghad

Ma sœur, d'un an ma cadette, et moi avons toujours été très proches. Très complices et inséparables, comme des jumelles. Nous étions implicitement chargées de notre surveillance mutuelle. Mais nous étions très sages : nous avions intégré les codes de « bonne conduite » de notre société conservatrice et, de toute manière, nous n'aurions pas pu aller bien loin dans les transgressions : nous nous connaissions tous à Zabadani, et les échos de toute incartade majeure commise par l'une ou l'autre, par exemple parler à un garçon, auraient vite atterri dans les oreilles de nos parents. A ses yeux, comme à ceux de papa et maman, je jouissais quand même du statut d'aînée. C'est à moi qu'il incombait d'aider maman quand elle avait besoin d'un coup de main, à moi aussi que s'ouvraient mes parents quand il y avait un problème – et dans la Syrie des Assad, il y avait tout le temps des problèmes.

J'avais mis Raghad, dès le premier jour, dans la confidence de mon amour naissant pour Mohamed. Elle m'avait accompagnée aux manifestations, quand nous nous dissimulions sous un niqab pour ne pas être identifiées, puis quand nous avions osé descendre dans la rue à visage découvert. C'est à elle aussi que je confiais mes inquiétudes quand Mohamed s'en allait au front, au sein de l'Armée syrienne libre, qu'il me promettait chaque jour de revenir et me faisait rêver en décrivant le pays pour lequel il se battait, un pays qui serait aussi libre que les autres.

Ma famille paternelle tenait Raghad pour quantité négligeable : j'étais l'aînée, Hamouda était le garçon, elle n'avait qu'un statut intermédiaire assez flou, ils ne la considéraient pas, comme moi, porteuse des « tares » de ma famille maternelle, ne songeaient pas à la marier, en tout cas pas dans l'immédiat, pas avant moi. J'étais leur souffre-douleur, je suis devenue leur ennemie quand je me suis fiancée, une putain quand je me suis enfuie pour rejoindre Mohamed dans son exil, alors que nous n'étions même pas mariés.

Du Liban, j'appelais Raghad tous les jours. Rarement seule, elle me donnait alors quelques nouvelles, restait très évasive quant à son quotidien, mais elle m'encourageait si fort à ne pas revenir sur ma décision que je comprenais facilement combien elle pouvait souffrir. Quand elle n'était pas seule, elle me répondait sur un ton glacial : « Vous vous trompez de numéro. » J'attendais le lendemain pour la rappeler.

Raghad s'était fiancée quand nous étions à Bloudane, après la mort de maman, juste avant que nous rejoignions la famille de papa à Damas. Son fiancé, Ala', était un jeune homme de Zabadani, un ami de Mohamed que maman appréciait également. Raghad, mais j'étais la seule à le savoir, en pinçait, avant qu'ils fassent connaissance, pour un autre jeune homme qui tenait un commerce dans la rue principale de notre bourgade. Ala', lui, était fou d'elle. Il l'avait croisée quand elle m'accompagnait dans la boutique de Mohamed, il avait tenté à deux ou trois reprises d'attirer son regard, en vain. Il s'en ouvrit à Mohamed alors que nous venions de nous fiancer, celui-ci organisa une rencontre. Ce fut le coup de foudre. Ala' avait un an de moins que Mohamed, il se savait trop jeune pour se marier et, avec ma sœur, ils étaient convenus d'attendre quelques années avant de franchir le pas. Entre-temps, il avait été décidé qu'ils officialiseraient assez rapidement leur relation, condition *sine qua non*, dans mon pays, pour qu'un homme et une femme puissent se fréquenter. Maman appréciait ce garçon, et il nous a été d'un grand secours durant les derniers jours de son hospitalisation. Ils ne s'étaient pas encore fiancés, Ala' était donc officiellement tout à fait étranger à notre famille, c'est pourtant lui qui est venu nous aider à porter maman pour la changer, pour la retourner, pour la laver. Le dernier soir, dans l'hôpital spécialisé dans les maladies cancéreuses, quand nous étions, ma sœur et moi, paralysées par le spectacle apocalyptique qui s'offrait à nous, quand nous portions nos mains à nos oreilles pour ne plus entendre les cris de douleur des agonisants, Ala' était venu près de maman, inconsciente, pour lui murmurer des paroles d'apaisement. Je lui en saurai toujours infiniment gré.

Malgré le deuil de ma mère, ma sœur était surexcitée par ses fiançailles et, quand nous avons déménagé à Damas, je l'accompagnais dans les échoppes du vieux souk où elle se procurait, avec très peu de moyens, quelques pièces pour son trousseau de mariage. Ala', profondément pacifiste, avait quitté Zabadani, avec sa famille, en même temps que nous. Ils avaient trouvé refuge chez des parents, à Jaramana, dans la grande banlieue de Damas. De temps à autre, et bien que les routes soient dangereuses pour un jeune homme, forcément soupçonné par le régime d'avoir rejoint les rangs de la rébellion, il s'éclipsait pour venir voir Raghad, dans le deux pièces de nos grands-parents. Ces jours-là, il se rasait de près, portait des habits frais. Ses visites étaient cependant rares, et il en profitait pour voir aussi ses frères qui possédaient, avec l'un de ses oncles, un tout petit restaurant dans la capitale. Son frère aîné gérait le lieu, son cadet, qui avait perdu une jambe dans un accident, des années plus tôt, lui prêtait main-forte. Avec la guerre, la clientèle, c'est le moins que l'on puisse dire, n'affluait plus, et ses cousins venaient parfois au restaurant passer un bout de temps avec les derniers clients, tous des habitués.

Ala' et Raghad avaient décidé de se marier au plus vite : le fiancé de ma sœur ne supportait plus de la voir sous le joug de notre très conservatrice famille, il la savait malheureuse et se doutait que sa situation ne pourrait guère s'améliorer si je venais à me marier. Les deux familles avaient d'abord sursauté, mettant en avant leur jeune âge. Puis, dans la situation de débandade que traversait le pays, elles sont convenues qu'il valait sans doute mieux que ces deux-là soient « casés ». Certes, ils étaient très jeunes. Mais la guerre civile nous avait tous si rapidement mûris...

Ce jour-là, la redoutable sécurité de l'Etat a opéré une descente dans le restaurant, soupçonnant son patron, c'est-à-dire l'oncle de Ala', de l'avoir transformé en QG de la rébellion. J'ignore si telle était la réalité. Outre l'oncle, le petit frère de Ala', celui qui était handicapé, était lui aussi dans leur collimateur. Le rapport des *moukhabarat* était formel : c'est au cours d'un combat l'opposant à l'armée que l'adolescent avait perdu sa jambe. Ni l'examen de sa cicatrice, visiblement ancienne, ni un rapport médical antérieur à la guerre, mentionnant son amputation, n'ont pu leur faire entendre raison : les *moukhabarat* ne se trompaient jamais. Les trois frères ont été arrêtés. L'employé, un gamin qui les aidait au restaurant, ainsi que deux clients, ont été emportés dans la rafle. J'ignore ce qu'il est advenu de ces derniers. Je ne pense pas qu'ils aient été relâchés : en Syrie, depuis que les forces du régime perdent du terrain, les prisonniers ne sont plus jamais relâchés. Même s'ils n'ont rien à avouer, même s'ils n'ont jamais commis aucun acte répréhensible ni participé à la guerre, ils peuvent tout de même être utiles. Le régime leur a trouvé une fonction : boucliers humains. On les retrouve, comme sur la route de Zabadani, marchant devant les chars de l'armée pour les « protéger » dans leur avancée, retenus dans les sites dits stratégiques où ils survivent dans les conditions les plus inhumaines qui soient. Ils sont réduits au statut d'animaux de boucherie.

Un ami de Ala' et de Mohamed m'a raconté l'arrestation. Les coups de matraque qui ont commencé dans le restaurant d'où les inculpés sont sortis ensanglantés. Leur transport dans des fourgonnettes blindées qui ont filé toutes sirènes hurlantes, comme si elles transportaient les hommes les plus recherchés de la Syrie entière. Sur le moment, je n'ai rien dit à ma sœur. Le soir non plus, je n'ai pas eu le courage de lui parler. Elle était surexcitée par ses achats, elle me les montrait, je ne savais pas quelle attitude adopter. Je l'ai quand même laissée passer une nuit sereine. Le lendemain matin, au réveil, je lui ai raconté.

Raghad en est devenue folle. Dans les jours qui ont suivi, à force de contacts, elle a fini par en savoir plus. Sans doute aurait-il mieux valu qu'elle ne sache rien. En quelques jours, elle a vieilli de plusieurs années. Ala' et sa famille furent directement transférés dans les sous-sols du palais présidentiel, à Damas. Là où se trouvent les plus abominables prisons du régime. Là où le quotidien des prisonniers n'est fait que de tortures plus sophistiquées, plus cruelles les unes que les autres. Là où l'isolement est la règle. Les prisonniers y entrent pour ne plus jamais en sortir. Personne ne sort jamais de ces prisons-là. Même à l'état de cadavre : ceux qui y ont un jour été incarcérés alimentent la très, très longue liste des « disparus » syriens, ceux dont nul n'a plus de nouvelles depuis des années, des décennies. Ceux qui, un beau jour, ont été rayés de la liste des vivants.

Quand j'ai fui la Syrie pour rejoindre Mohamed au Liban, Raghad attendait Ala'. Elle l'attend encore. Elle vit dans l'espoir de le revoir. Chaque matin, elle espère. Chaque soir, elle attend le lendemain. Elle sait que Ala', le tendre Ala', le doux Ala', est certainement en train d'être torturé. Les bourreaux du régime savent doser la torture, s'interrompre avant que leur victime meure mais pas avant qu'elle ait suffisamment souffert, ils connaissent les techniques pour la faire durer, pour la faire s'éterniser : ils en ont une si longue expérience ! Peut-être sortira-t-il un jour, quand le régime s'écroulera et que Bachar Assad déguerpira. Dans quel état sera-t-il ? Elle y pense, elle m'en parle parfois, rarement. Ces jours-là, elle me demande ce qu'il restera du Ala' qu'elle a aimé, qu'elle aime passionnément. Prise dans ses contradictions, ballottant entre espoir et désespoir, elle craint de sombrer dans la folie. Je ne trouve pas de mots pour la rassurer, et je m'en veux. Pourtant, nous, les Syriens, avons tous connu des rescapés des prisons du régime. Non pas cette prison-ci, mais d'autres prisons qui, à vrai dire, n'ont pas grand-chose à lui envier. Nous avons tous en tête les noms, les visages, les récits de frêles et doux jeunes gens qui se sont révélés être des héros, et de baraques qui ont craqué au premier coup de trique.

Papa ne vivait plus chez ses parents auxquels il avait confié la garde de Raghad et Hamouda. Pour lui aussi, les événements s'étaient précipités. Quand il est revenu du Liban où il avait passé un après-midi pour assister à mon mariage, mon père, m'a dit ma soeur, était mélancolique. Il n'osa pas lui annoncer qu'il avait décidé, lui aussi, de se marier au plus tôt. Elle l'apprit incidemment, en entendant notre grand-mère et nos tantes discuter de quelques aménagements dans le deux pièces qui allait donc accueillir une personne de plus. Ma belle-mère. Une petite noce a été organisée et, au bout de quelques jours de vie commune, les premières tensions commençant à naître entre sa femme et ma sœur, la première reprochant à la seconde de ne pas suffisamment se voiler, de ne pas suffisamment prier, de ne pas suffisamment l'honorer et l'aimer, papa et sa nouvelle épouse ont loué un minuscule studio pour s'y installer. Seuls, en amoureux. Ma sœur en a été soulagée.

Raghad avait tenté, tant bien que mal, de poursuivre sa scolarité à Bloudane puis à Damas, tandis que je m'occupais de papa et de la maisonnée. Elle n'allait pas bien souvent à l'école : à Bloudane à cause des bombardements, à Damas parce qu'elle avait manqué trop d'heures de cours et qu'elle ne parvenait plus à suivre vraiment les programmes. Si elle persistait, ce n'était plus en vue d'un diplôme, mais pour fuir l'atmosphère pesante qui régnait désormais chez nous. Après mon départ, papa a mis un terme à sa scolarité : il estimait qu'elle mettrait son temps bien mieux à profit en aidant sa grand-mère et en se dévouant pour sa belle-mère. En fait, il lui fallait « quelqu'un » pour essuyer ses humeurs et lui servir de souffre-douleur. Ma fuite avait laissé cette place vacante : c'est à ma sœur qu'il incomba de prendre ma succession. Elle était sans doute moins rebelle que moi, ou bien papa était-il moins exigeant avec elle : le fait est qu'elle ne se plaignait pas outre mesure et jugeait le niveau de brimades qu'elle recevait « supportable ». Une seule fois, elle me supplia de ne plus contacter notre famille maternelle. Elle était en larmes ce jour-là. « Si papa apprend que toi ou moi leur parlons, il nous interdira de revoir Hamouda. » Pauvre Hamouda qui, négligé de tous, meurtri par une guerre à laquelle il ne comprenait pas grand-chose, s'était, comme un escargot, replié dans sa coquille de laquelle il émergeait de moins en moins souvent. Mon père s'en félicitait : « Il est très calme, ce garçon. » Ma sœur et moi nous inquiétions de ce calme. J'ai compris que papa n'hésiterait pas à mettre sa menace à exécution. J'ai aussitôt appelé ma grand-mère ; elle m'a promis de ne jamais divulguer nos contacts qui, je l'avoue, restent fréquents.

Papa espérait sans doute reprendre sa vie d'avant. Zabadani, « ville rebelle », ayant été désertée par les administrations officielles, son poste avait été transféré à Bloudane où il se rendait très épisodiquement depuis que nous nous étions installés à Damas. Mais nul ne lui en tenait rigueur, la plupart des administrations n'ouvraient même plus leurs portes, et son petit salaire, rongé par l'inflation, lui était régulièrement versé. Pourquoi s'est-il rendu, ce jour-là, à Bloudane ? Il était marié depuis quelques semaines ; avait-il prévu de revoir quelques copains ? Avait-il été gagné par une quelconque nostalgie ? « C'était tranquille », ce jour-là, comme on le dit désormais pour qualifier les moments où les armes se taisent pour quelques heures. Il emprunta la voiture de l'un de ses cousins, probablement en échange de quelque menu service. Combien de barrages a-t-il franchis ? Autour de Damas, le régime des Assad éparpille ses hommes par groupes de cinq ou six, des soldats armes à la main, plus semblables à des bandits de grands chemins, autorisés à racketter les voitures et les passants en échange de leur fidélité, à arrêter qui bon leur semble et à tirer sans semonce sur qui ils souhaitent. Ces « barrages » étaient, et sont toujours, du moins officiellement, une tentative dérisoire de protéger la capitale des rebelles, en tout cas de limiter leur approvisionnement en armes. Comme si les armes étaient transportées clandestinement en empruntant les routes nationales ! Ils ne sont, à mon avis, qu'étalage de muscles d'un pouvoir qui croit encore réussir à museler son peuple par la terreur.

Papa a été arrêté par l'un de ces groupes. Il a été conduit au poste de police, incarcéré sans chef d'inculpation, emprisonné sans autre forme de procès. « Si ce n'est toi, c'est donc ton frère », écrivait Jean de La Fontaine... Peut-être leur avait-il parlé avec quelque agressivité ? Ou bien avait-il omis d'ôter ses lunettes noires, comme l'exige une loi non écrite appliquée par ces barrages ? Papa avait toujours été très coquet ; depuis ses fiançailles, il se sentait redevenir jeune homme et avait même commencé à se teindre les cheveux pour plaire à sa dulcinée engoncée sous ses voiles, ses gants et ses manteaux. Il se ne séparait plus de ses lunettes noires, même à la tombée du jour : elles lui conféraient, pensait-il, une aura de mystère – elles dissimulaient surtout les poches qui lui encombraient les yeux. Sans doute est-ce une affaire de lunettes ?

Nous avons eu, récemment, des nouvelles de mon père. De manière très indirecte, par l'intermédiaire de l'un de ses codétenus, arrêté lui aussi sans raison et libéré sans raison non plus. Papa lui avait confié le numéro de téléphone de son épouse et quelques indices personnels pour confirmer l'authenticité de ce message. Son codétenu se souvenait d'un seul indice : « Son fils, Hamouda, est un fan du club de foot de Barcelone. Et il collectionne les photos de Lionel Messi. Il m'avait dit d'autres choses, mais je n'ai plus l'esprit bien en place, je ne m'en souviens plus vraiment. » La majorité des gamins syriens sont des fans de Barcelone et de Messi, mais l'indice, assorti du prénom de mon frère, nous a paru suffisant pour croire cet homme. Il ne nous apportait aucune révélation sensationnelle – la plus importante étant, évidemment, que papa était encore en vie. Notre père ne savait pas pourquoi il avait été arrêté : nul n'avait jugé utile de le lui dire. Il avait été torturé, comme tout le monde. Les tortures habituelles, rien d'exceptionnel : quelques séances d'électrocution, des coups de fouet, des insultes, des humiliations « pour le faire avouer ». Les tortionnaires, ne sachant pas trop dans quel sens orienter leur interrogatoire, lui avaient demandé d'avouer qu'il était un opposant et de leur détailler ses fonctions au sein de la rébellion. Mon père avait sans doute été bien incapable d'inventer un quelconque scénario pour les satisfaire. Il avait donc été encore battu, avant d'être oublié dans sa cellule. J'ai de la peine pour cet homme. Une énorme compassion pour lui. La guerre, l'exil, la mort de maman, les pressions de sa famille lui ont fait perdre la tête, mais il a toujours été un brave homme, un honnête homme – si tant est que ce terme ait une signification quand on est fonctionnaire syrien et que l'on a, toute sa vie, été contraint de se laisser corrompre pour survivre dans un univers de requins. Mon père, je l'ai dit, j'en suis profondément convaincue, a toujours été trop lâche pour rejoindre les rangs d'une quelconque opposition. Quelle sorte d'êtres vivants, je ne veux pas parler d'humains, peut s'amuser (car ils s'amusent) à lui faire endurer mille tortures, et dans quel but ? En même temps, je crains son retour. Je ne souhaite pas qu'il continue d'être battu ou torturé : je voudrais juste qu'il reste éloigné. J'appréhende les sanglots de Raghad quand il s'en prendra à elle. Je ne veux pas qu'il me sépare de Hamouda. Je suis très dure, sans doute. Je ne l'étais pas, mais je le suis devenue. Je me suis « endurcie », pour reprendre l'expression de mon père. Certains jours, je m'effraye moi-même.

L'oncle de maman, celui qui nous avait accueillis dans la villa du riche Saoudien dont il était gardien, a lui aussi disparu. J'en sais un petit peu plus sur les circonstances de son arrestation, rien sur le sort qui lui a été réservé. C'était quelques semaines après la mort de maman, après notre court séjour chez lui. Zabadani avait été rasée par l'aviation des Assad, mes grands-parents maternels, qui avaient dû fuir la ville en feu, avaient trouvé refuge chez lui. Un matin, à l'aube, les hommes de la sécurité de l'Etat ont débarqué en force dans la villa. Mes grands-parents se sont cachés ; mon oncle, qui leur avait ouvert la porte, a été arrêté, interrogé sur place. Mes grands-parents les ont entendus l'insulter, le traiter de « fils de chien » et le battre bien évidemment. Ils lui ont déclaré détenir des preuves que la villa servait de base arrière aux rebelles et qu'ils y cachaient des armes. Le vieil homme a nié. En vain, bien sûr. Il a été arrêté, assommé alors qu'il ne tentait même pas de se débattre, traîné jusqu'à la voiture militaire qui l'a emmené. Où ? Je l'ignore. Nous n'avons plus eu aucune nouvelle de lui. La villa, elle, a été investie par les hommes du régime. Ils l'ont pillée, même les chambranles des portes et la robinetterie ont été arrachés, ils ont descendu les portraits de son propriétaire qui ornaient les murs, les ont remplacés par des photos géantes de Bachar Assad. Le palais est devenu une caserne. Ses caves sont probablement des salles de torture. Dans ses jardins, tous les arbres, des essences rares, ont été arrachés. L'hiver dernier, les nouveaux occupants ont utilisé le bois pour se chauffer.

10

Un jour, je serai médecin

Après mon mariage, suivi de peu par celui de mon père, le répit a été de courte durée pour Raghad, emprisonnée, c'est le terme le plus exact que je puisse trouver, dans le deux pièces de mes grands-parents où mon oncle régnait en maître, avec sa femme et ses trois enfants.

Un matin, deux ou trois jours après le mariage de papa, elle sanglotait, ma grand-mère l'a prise dans ses bras, ce qui n'était pas dans ses habitudes. « Pourquoi pleures-tu ? Ton père est enfin heureux. » Raghad ne releva pas le « enfin ». Elle s'agrippait à cette épaule sur laquelle elle pouvait enfin se poser, elle s'est blottie encore plus fort contre ma grand-mère, des phrases hachurées ponctuaient ses sanglots : « Cette nuit, j'ai dormi. J'ai dormi pendant que Ala' était sans doute torturé, battu, affamé. Comment ai-je pu plonger dans un tel sommeil, l'oublier ? Promets-moi qu'il reviendra... » La suite, c'est ma tante qui me l'a racontée : « Elle pleurait comme une gosse, chaque sanglot l'ébranlait tout entière, lui soulevait la poitrine. Ta grand-mère lui a dit : “On te trouvera un autre mari.” L'idée n'est pas mauvaise, non ? Ton cousin, le fils de ton oncle, celui dont tu n'as pas voulu, ne s'est pas encore marié. Ils seraient bien assortis ensemble tous les deux, tu ne trouves pas ? Elle oubliera Ala'. Ne nous leurrons pas, il est possible qu'il ne revienne jamais. Et s'il revient... »

S'il revient, nous savons tous dans quel état peut se trouver un jeune homme après des mois d'incarcération dans une geôle syrienne. Surtout s'il est accusé d'être dans l'opposition, de surcroît armée. Dans les années 1980, un vague cousin de maman avait « disparu » pendant quinze ans. Je ne l'avais pas connu « avant » : on me dit qu'il avait été bel homme, grand de taille, musclé. Il était fort intelligent et poursuivait des études supérieures. Je l'ai connu « après » : une sorte d'ombre au visage balafré, paralysé d'un bras, dont je n'avais jamais entendu la voix. Il venait chez nous avec sa mère, marchait tête baissée, s'installait dans un coin, se recroquevillait sur lui-même, se relevait quand elle lui donnait le signal du départ. Il lui tenait la main, de sa main vaillante, pour avancer. Et ça, c'était avant la guerre. Avant qu'il existe une réelle opposition au régime des Assad. Avant que cette opposition commence à représenter une réelle menace pour eux...

Je suis inquiète pour Raghad. Mohamed lui a proposé de nous rejoindre au Liban : elle a ses papiers, elle pourrait franchir la frontière en toute légalité, au risque de passer ensuite dans la clandestinité. Mais elle refuse de quitter Damas. Quasi abandonnée de tous, sauf de ma grand-mère quand elle la harcèle pour épouser notre cousin, elle attend le retour de son fiancé. « Si je m'en vais, comment saura-t-il me retrouver ? Il sonnera à la porte, on lui dira que je suis partie, on lui dira peut-être que je me suis mariée, on lui inventera des sornettes, il en mourra. Et moi aussi. »

Après l'arrestation de papa, Hamouda, lui, a plongé dans une mélancolie encore plus profonde. Il ne mangeait plus, il ne parlait plus, il ne dormait plus. Mes grands-parents ont fini par s'en inquiéter au point de le laisser me parler au téléphone. Sa voix n'était qu'un filet : « Tu m'avais promis de revenir. » Dans ma fuite, je le lui avais en effet promis. J'avais pleuré en l'embrassant, il s'était étonné de ces larmes. « Je reviens, promis », lui avais-je dit. Et il avait attendu. Il ne savait pas que je partais rejoindre Mohamed, rejoindre la liberté. Pour la première fois, je l'avais exclu d'un secret. Depuis la mort de maman, il se raccrochait à moi comme à une planche de survie, la seule dont il disposait. Je le baignais, je lui donnais à manger, je lui racontais des histoires, je l'avais pris sous mon aile et, instinctivement, j'avais compris que

Hamouda était redevenu un bébé et qu'il avait besoin, pour recommencer à grandir, d'être protégé comme un bébé. Mais je suis partie parce que je n'avais pas le choix. Je l'ai laissé dans l'entassement de la famille à Damas; après que je l'ai embrassé, j'ai tourné la tête, j'ai fermé la porte derrière moi. Ce soir-là, papa l'a attrapé, l'a secoué, l'a menacé, l'a battu pour le faire parler. Hamouda était comme un petit moineau, mais il ne savait rien, il ne pouvait donc rien dire. Papa ne le croyait pas. C'est un petit garçon fragile, sans aucune violence en lui.

Mon grand-père a sans doute eu peur de perdre Hamouda : mon petit frère se laissait visiblement mourir. Il a finalement passé outre les récriminations de son épouse dont il discutait très peu les desiderata, et il a cédé à mes supplications : il lui a signé une autorisation de sortie du territoire, l'a embarqué dans un taxi collectif qui lui a fait traverser la frontière.

Hamouda vit, depuis, avec nous. Il dit que nous sommes sa seule famille. Il oublie encore de sourire, il ne sait plus rire. En sa présence, nous chuchotons : il ne supporte pas que les voix s'élèvent, même pour plaisanter. Et quand, de la chambre mitoyenne dont nous séparent quelques parpaings, proviennent des cris, quand bien même sont-ils des cris de joie, de surprise, d'amusement, il porte ses mains à ses oreilles et ferme très fort les yeux. Il disparaît. Au Liban, il s'ennuie. Il s'ennuyait aussi à Damas. C'est normal : il ne joue jamais avec les autres enfants. Il préfère rester seul. Se souvenir des temps heureux de Zabadani, des champs, des amis avec lesquels il jouait au foot, courait et revenait, éreinté, se blottir dans les bras de maman. Ses yeux s'illuminent quand il parle de foot, quand il nous fait partager son rêve de rencontrer Messi, son champion, en chair et en os. Sinon, il vit dans ses souvenirs, dans la nostalgie du passé. Il est triste, il attend que le temps passe. C'est dur, quand on a douze ans...

Mohamed réussit parfois à le sortir de sa léthargie. Ils ont toujours été complices, ces deux-là ! Que de fois, ma mère les avait surpris jouant comme des gamins. Mohamed s'arrêtait d'un coup, tout honteux d'avoir été pris en flagrant délit de jouer. Ils organisaient des parties homériques de lutte, les coussins volaient dans toute la pièce, c'est bien sûr Hamouda qui triomphait. Mais il ne supporte plus ce jeu. Il ne supporte plus la moindre violence, même factice, même pour s'amuser. Ce qui exclut donc la plupart des « jeux de garçons ». Mohamed a récupéré une vieille télévision. L'écran n'est pas plus grand que celui d'un ordinateur portable, et elle ne diffuse les images qu'en deux couleurs : mauve et blanc. Au début c'est étrange ; mais on s'y habitue assez vite. Mon mari triomphait le jour où il est revenu avec une nouvelle trouvaille : une Playstation de la première génération qu'il a offert à Hamouda.

Le plus difficile a été de trouver un jeu : il ne s'en fabrique plus depuis si longtemps, et ceux qui ont possédé l'une de ces consoles les ont jetés dès que des appareils plus sophistiqués sont apparus sur le marché. Il a fini quand même par lui dégoter un jeu en état de marche, qui plus est un jeu de foot. Le nirvana pour mon petit frère qui a appris à mon mari à se servir d'une manette, mais Mohamed la manipule encore très maladroitement. Il n'a pas besoin de « faire semblant » pour être battu à plates coutures. Je ne sais pas si ces victoires faciles amusent mon petit frère : il ne les commente pas. Il se contente de relever : « 10 – 0. »

Je les ai entendus discuter tous les deux, l'autre jour. Je rentrais du marché où j'avais âprement négocié quelques légumes, ils ne me savaient pas devant la porte ouverte de notre chambre. « Ils sont en train de tuer papa, n'est-ce pas ? a demandé Hamouda. – Dieu l'aidera », a évasivement répondu Mohamed. Hamouda s'est fait plus insistant : « Oui, Dieu l'aidera. Mais ils sont quand même en train de le tuer, non ? Dis-moi la vérité. » J'ai lancé un « bonjour » tonitruant pour signaler ma présence. Pour tirer Mohamed de l'embarras dans lequel ces questions trop insistantes le plongeaient. Je savais qu'il s'était promis de ne plus jamais mentir à mon petit frère. C'était à la suite d'une discussion précédente. « Maman est morte, papa est non seulement méchant mais il a en plus disparu, Fayza est au Liban, Raghad va sans doute se marier un jour. Et moi, que vais-je devenir ? Je vais rester seul. Mais comment je ferai pour me débrouiller ? Pour survivre ? », lui avait demandé Hamouda. Quand Mohamed lui avait promis qu'il resterait avec nous, mon petit frère avait levé les épaules, désabusé : « Tu promets, mais qu'est-ce qui me prouve que tu n'es pas comme les autres ? Ils m'ont tous fait des promesses, aucun ne les a jamais tenues. On me disait que l'on reviendrait à Zabadani, que maman ne mourrait pas, que je retrouverais mes amis, que papa reviendrait très vite. Je n'ai plus confiance en vous. Je n'ai plus confiance en personne. » C'est lourd à entendre, de tels propos qui viennent d'un gamin. Il est injuste qu'un gosse de douze ans porte sur ses épaules le fardeau de son avenir. A l'âge de Hamouda, je jouais à la poupée, j'apprenais par cœur les « principes du Baas », j'étais insouciante. Lui vit dans la honte : il est persuadé que tous les autres enfants mènent une vie normale et qu'il est seul dans son cas, exilé, sans parents, sans lendemains, avec nous qui, l'exiguïté de notre refuge l'exige, évoquons bien trop souvent nos soucis en sa présence. Alors il évite de leur parler. Il se méfie aussi des adultes qui s'approchent de lui, surtout quand ils s'adressent à lui avec bienveillance : il ne voit dans leur douceur que de la pitié, et il ne veut pas de pitié. Alors il reste dans son coin, tout seul et se tait. Il se replie dans sa coquille, dans ses rêves. Mes yeux se remplissent de larmes, mais je n'ai pas le droit de pleurer. Si je craque, qui restera aux côtés de mon petit frère ?

On m'a dit qu'il fallait l'occuper. Mais à quoi puis-je l'occuper ? Nous allons parfois marcher ensemble, il se place entre Mohamed et moi, nous tient parfois la main. « Vous êtes comme un papa et une maman », dit-il. Paroles insoutenables... J'ai essayé de le scolariser. Cependant les programmes syriens sont très différents des programmes libanais. Nous, nous étudions toutes les matières en arabe. Au Liban, les matières scientifiques sont enseignées en anglais ou en français. Encore faut-il maîtriser l'une ou l'autre de ces langues ! Des écoles ont ouvert, proposant le programme syrien, mais elles n'ont pas l'autorisation de valider les examens de fin d'année qui permettent le passage dans une classe supérieure : l'Etat syrien ne les reconnaît pas. Faudrait-il que mon frère étudie une année, et se retrouve l'année suivante dans la même classe ? Ou me faut-il croire qu'avant que l'année scolaire s'achève, nous serons de retour chez nous, en Syrie, si possible à Zabadani ? Je n'en sais rien. Ces problèmes sont trop lourds pour moi. Je n'ai que dix-neuf ans !

Jusqu'à présent, Mohamed a réussi, chaque mois, à payer le loyer de cette chambre qui nous abrite. Nous n'avons pas de contrat de location, aucune protection : les marchands de sommeil ne signent jamais rien. Le loyer tombe tous les 15 du mois, et nous savons que notre loueur ne nous fera pas grâce d'une journée si nous arrêtons de payer. Il est convaincu de réaliser une bonne action en abritant des réfugiés syriens, et sans doute qu'il est critiqué pour cela dans son entourage. Au Liban, on n'aime pas les Syriens. Notre régime, c'est vrai, a torturé ce pays, il l'a brisé, mais les Libanais ne savent pas, ne veulent pas savoir que le peuple syrien est la première victime de son régime. Que le tribut payé par nous depuis l'arrivée du Baas au pouvoir est infiniment plus lourd que ce qu'ils ont eux-mêmes subi, pendant et après les quinze années de la guerre du Liban.

La vente par Mohamed, à son corps défendant, des petits bijoux qu'il m'avait offerts pour nos fiançailles nous a aidés jusqu'à présent. On doit au bracelet en or et à la paire de boucles d'oreilles le fait d'être sous un toit plutôt que sous une tente. Maman n'avait-elle pas prévu qu'ils nous porteraient bonheur ? Mon mari a parfois loué ses bras pour des petits boulots. Il a transporté des pierres et des montagnes de pastèques. Mais ils sont nombreux, les Syriens, à l'affût de ces petits boulots. Tellement nombreux qu'ils se louent moins cher, aujourd'hui, que les petits Chinois dont nous avions pitié dans leurs usines du bout du monde. La dernière fois, Mohamed a reçu l'équivalent de

2 euros pour onze heures de travail sur un chantier. Le lendemain, il n'est pas retourné à son job : aujourd'hui, pauvres parmi les pauvres, il ne nous reste plus que notre dignité. Nous ne la braderons pas.

Nous avons meublé notre chambre, ce qui nous a pris beaucoup de temps et d'efforts puisqu'il n'était pas question de débourser un sou. Nous avons donc utilisé le système D et la récup – dont on me dit que c'est une tendance très à la mode en Europe. Mohamed a donc récupéré un vieux canapé qu'il a retapé et qui semble désormais flambant neuf, des matelas, une gazinière et même un ventilateur que nous mettons en marche quand nous avons de l'électricité, c'est-à-dire quelques heures par jour. Dans une petite coupe, il a déposé des pétales de fleurs séchées. Certaines se sont effritées. Ces fleurs-là viennent de Zabadani. Je les avais confiées avant mes fiançailles à Hamouda ; il avait parfaitement joué son rôle d'émissaire, avait été dans la boutique de Mohamed et les lui avait remises. Mohamed ne s'en est jamais séparé. Il les a emportées avec lui dans sa fuite. Ces pétales sont notre porte-bonheur.

Nous n'avons pas encore passé un hiver ici, mais ce ne sera sans doute pas une partie de plaisir : Baalbeck a le même climat continental que Zabadani. Quand il neigera, que deviendront les centaines de milliers de malheureux qui s'entassent sous des tentes ? Mohamed m'a promis que nous ne les rejoindrons pas, et j'essaie de toutes mes forces de le croire. «Nous allons repartir de zéro, me dit-il. Mais prenons garde à ne pas passer au-dessous de zéro. Si nous coupons le contact avec la vie, nous ne pourrons plus repartir. Ce sera fini.»

Alors, comment vit-on sans rien? Grâce aux aides accordées aux réfugiés. Donc en tendant la main. Les premières fois, c'est très dur. Puis, quand les estomacs commencent à crier famine, on s'y résout. Ça reste dur ensuite, on ne s'habitue jamais à tendre la main, les images du passé reviennent violemment à la mémoire, mais on le fait quand même parce qu'on n'a plus le choix et que l'on crève de faim. Nous n'avons pas de piston, car même dans le dénuement le plus extrême, dans l'exil et dans les humiliations, il faut des pistons. Nous n'avons pas de «connaissances», nous ne recevons donc que le minimum. Chaque mois, l'Onu nous a accordé 20 euros pour nos besoins alimentaires. Un peu de riz, un peu de café, des pâtes, du sucre : ils sont, vous vous en doutez, vite dilapidés. J'en parle au passé parce qu'ils parlent, eux, de restrictions budgétaires; Mohamed et moi avons été rayés de la liste des bénéficiaires. Sans doute parce que nous nous battons pour ne pas adopter le «look réfugié»? Pour ne pas sombrer dans ce que Mohamed appelle «au-dessous de zéro»? Des organismes caritatifs distribuent parfois quelques denrées alimentaires. Là aussi, il faut se battre pour récupérer « son » carton. Ni Mohamed ni moi n'en avons le courage. Se battre pour un peu d'huile... Nous le ferons sans doute un jour. Le Hezbollah, allié du régime syrien, est bien plus généreux grâce aux subsides qui lui viennent d'Iran. Mais il ne donne qu'à ceux qui le soutiennent. Or je suis incapable de le soutenir et, à travers lui, le régime qui nous a tués pendant des années. Quels que soient mes besoins, je ne vendrai jamais ma dignité.

J'ai cherché du travail, moi aussi. J'étais prête à faire des ménages, à donner des leçons de maths, à m'occuper de vieillards. Prête à tout pour ne plus entendre Mohamed se retourner toutes les nuits dans notre lit, chercher désespérément le sommeil et se morfondre, s'inquiéter. Une association soutenue par l'Unicef, Sawa[1], qui signifie « ensemble », nous a proposé de nous occuper d'enfants de réfugiés, elle nous a donné pour mission de « les faire rire ». Nous avons suivi une semaine de formation accélérée durant laquelle je me suis sentie revivre, puis nous avons été accompagnés dans les villages de tentes où survivent nos semblables, nos reflets, des miséreux comme nous, qui ont jusque-là eu moins de chance que nous. Nous connaissons sans doute certains d'entre eux, ils ont été nos voisins, nos amis, nos instituteurs,

1. www.sawagroup.org

nos médecins. La folie des hommes en a fait des « réfugiés », ce terme anonyme et barbare qui désigne des individualités. Nous nous fondrons peut-être parmi eux, dans quelques jours ou quelques semaines. J'ai la curieuse sensation, en les regardant, que j'appartiens à leur village de tentes.

Leurs enfants ont traversé un premier hiver à Baalbeck, sous la neige. Ils ont vécu l'enfer, comme Hamouda. Leurs histoires sont bien plus terribles que la nôtre. Ils ont vu, pour certains, leur père, leurs frères, être égorgés sous leurs yeux par les hommes du régime, j'ai eu pour mission d'amuser un petit qui, en Syrie, s'était accroché au bras de sa mère jusqu'à ce que le bras de sa mère se détache de son corps : elle était morte depuis plus d'une semaine, il attendait qu'elle se réveille. Comment le faire rire ? A travers lui, je voyais Hamouda. Il réagissait comme lui, ou plutôt, il ne réagissait pas. Il a perdu le goût de vivre. L'un des jeux que l'on nous a appris consiste à aider l'enfant à crier pour que jaillissent ses émotions, pour que s'exprime sa douleur. Nous sommes nombreux à avoir postulé au sein de cette association. Nous sommes, pour la plupart, syriens. Nous sommes tous dans le même dénuement. Alors, nous travaillons par roulement. Il faut patienter pour avoir droit à un jour de travail...

Mes journées sont longues, mais ça prend du temps de réussir à survivre sans un sou ! Je nettoie, je range notre chambre, je la décore avec les moyens du bord. Je prends soin de moi, des miens : ce n'est pas parce que nous sommes pauvres et réfugiés que nous devons en prendre l'apparence. J'ai récupéré un vieux fer à repasser ; nous sommes toujours bien mis, même si c'est avec les mêmes habits. Et puis surtout, je lis et relis mes livres du bac, pour ne pas oublier le programme. Ma matière préférée reste les mathématiques, mais j'ai appris par cœur tous les problèmes du livre, à force de les faire et refaire. Les programmes de physique et de chimie ne me réservent plus de surprises non plus. Je me suis rabattue sur la grammaire arabe ; on me dit que ses règles sont aussi complexes que celles du latin, mais il suffit de les appliquer avec un minimum de logique pour réussir les exercices. Je crois que je deviens forte en grammaire, mais rédiger une dissertation reste une torture pour moi. Un jour, je passerai mon bac. Puis j'irai à l'université, Mohamed y tient autant que moi. Nous penserons alors à faire un enfant. Mon mari sera un bon papa. Je le vois s'occuper de Hamouda, le protéger, l'amuser, l'instruire. J'ai envie de devenir médecin. Je pourrais sans doute réussir aussi en mathématiques appliquées ou en finances, mais il me manquerait le contact humain. Je me suis toujours occupée des autres ; c'est sans doute ma vocation...

Nous reviendrons à Zabadani. Reste à savoir

quand. Même s'il n'en reste plus une pierre sur l'autre, nous nous trouverons un abri, puis nous reconstruirons. Pour le moment, c'est impossible : parce qu'il a porté les armes avec l'Armée libre et qu'il n'a pas accompli son service militaire, Mohamed est considéré, par le régime, comme un traître. Il est condamné à mort, et son exécution peut être immédiate s'il est reconnu à un barrage. Une solution que je préfère, je l'avoue, et lui aussi, à la perspective de la torture.

A vrai dire, il n'a plus envie de se battre. Il dit que cette guerre est devenue trop sale. C'est une guerre d'argent, d'enrichissement, de folie. Ce n'est plus une guerre, c'est un chaos où les plus forts, ceux qui roulent en berlines – et il y en a dans les deux camps –, s'engraissent au détriment du peuple qui, lui, paye le prix lourd. Depuis quarante ans, notre peuple est en train d'être assassiné, moralement, économiquement, physiquement. Il est au stade de l'agonie. Mais je ne pleure pas ce peuple qui, même dans la déchéance la plus absolue, celle dans laquelle nous nous trouvons, oublie de s'unir. Les décennies de brimades et d'apprentissage de la délation ne s'effacent pas d'un coup de baguette magique. Les *moukhabarat* ont infiltré les rangs des réfugiés. Des liquidations s'opèrent, en douce. Liquidations d'êtres humains, d'opposants, cela va sans le dire. Des individus tout à fait ordinaires jouent à ce jeu ignoble. J'ai peur quand Mohamed sort de la maison. Peut-être un jour ne reviendra-t-il pas...

Nous avions, un jour où nous avions faim, envisagé froidement notre retour immédiat en Syrie. Nous aboutissions à l'équation suivante : Mohamed retournerait à Zabadani reprendre les armes. Notre bourgade est détruite, inhabitée, il serait inconcevable que je le suive. Impossible pour moi d'aller dans la famille de ma mère : si mon père sort un jour de prison et qu'il l'apprend, il me privera de Hamouda, et c'est une perspective que je suis incapable d'envisager. La seule solution pour moi serait donc d'aller à Damas, avec Hamouda, dans la famille de mon père. Mais pour celle-ci, je reste celle qui a apporté le déshonneur en rejoignant un homme qui n'était pas son époux. Peu importe si nous nous sommes ensuite mariés : je reste une souillure, une tache qui doit disparaître. Tôt ou tard, je serais égorgée, et l'honneur de la famille serait rétabli. Il nous a fallu nous y résoudre : pour le moment, nous n'avons d'autre choix que l'exil.

Je parle de demain. Quelle ironie ! En réalité, je ne peux pas envisager d'avenir : je sais que rien ne sera plus comme avant, que nos blessures sont trop profondes pour pouvoir être juste gommées. Il n'y a pas une famille qui ne compte un mort, un torturé, un disparu. Je ne pense même pas à ce soir. À cette minute, je suis vivante, c'est déjà pas mal, non ? Mohamed est à côté de moi, je peux poser ma tête sur son épaule, Hamouda est silencieux, comme d'habitude.

Faut-il regretter notre révolution ? Maudire le Printemps arabe et ses conséquences ? Il m'est bien sûr arrivé de me poser cette question, de la poser à Mohamed. Mais elle ne se pose pas ainsi. J'appartiens à une génération qui estime avoir des droits et qui les revendique. Quand un « supérieur », quel qu'il soit, un fonctionnaire, un policier, un patron disait à mon grand-père : « Tais-toi », mon grand-père se taisait. Quand mon père recevait la même injonction, il se taisait lui aussi et, quand il marmonnait ensuite tout bas dans son coin, il s'étonnait lui-même de son « insubordination », se pensait de la trame des héros. Puis est venue notre génération. Nous ne refuserons pas d'obéir et de nous taire, mais nous demandons d'abord : « Pourquoi faut-il que je me taise ? » Nous le ferons si nous sommes convaincus de la réponse. Nous sommes la génération du « pourquoi » et, à cause de ce mot, nous ne pouvons plus nous laisser marcher sur les pieds, voire piétiner comme ce fut le cas pour nous en Syrie et dans d'autres pays arabes. A vrai dire, nous ne nous taisons pas, nous discutons : Facebook, WhatsApp nous ont appris à parler.

Sur les réseaux sociaux, nous avons tous parlé, garçons et filles. Les tweets n'ont pas de sexe : ce sont les meilleurs, les plus pertinents, qui sont les plus relayés. La différence entre garçons et filles s'est estompée : nous nous sommes reconnus semblables, avec les mêmes aspirations, les mêmes capacités, la même intelligence. Dans ce jeu, les filles sont même souvent plus fortes que les garçons ! Il était donc normal que nous ayons manifesté ensemble, au début de la révolution. Si nos mères ont d'abord hésité à descendre dans la rue, à « se montrer » sur la scène publique (beaucoup nous ont ensuite rejoints), nous, leurs filles, avons trouvé normal d'y occuper notre place. De porter des bannières et de crier des slogans. De nous mêler de politique, puisque la politique concerne notre quotidien à tous, garçons et filles. D'où ce spectacle, impensable quelques années plus tôt, de « manifestations mixtes ». En Syrie, en Egypte, en Tunisie, partout où le Printemps arabe a éclos.

Nous sommes la génération du Net, de l'amitié, de l'ouverture. Vous avez grandi dans la haine, dans la peur. Nous ne voulons pas de votre vie, nous voulons la vie. D'ailleurs, qu'avez-vous fait de si glorieux ? Vous vous êtes soumis sans jamais demander pourquoi. Vous avez accepté sans broncher de « rentrer dans le rang », par peur de perdre, disiez-vous. Mais perdre quoi ? Un poste ? Un titre subalterne ? Vous avez été lâches, nous ne le sommes pas. Vous vous taisiez, nous ne nous taisons pas. Je prie, je jeûne, mais je sais aussi que j'ai des droits. Je ne vous demande pas de prier avec moi, ni de « liker » mes prières : sur Internet, chacun est libre de « liker » ce qui lui convient, ce qui le convainc. A ma connaissance, il n'y a pas eu, à ce jour, de batailles déclenchées ni de guerres perpétrées pour obliger tout le monde à rejoindre le même mouvement. A penser de la même façon. A « liker » même quand on ne « like » pas.

Nos parents se délectaient de leur ignorance. Ils ne voulaient pas entendre, ni voir, ni savoir. Ils ne savaient pas qu'à l'arrivée au pouvoir de Hafez Assad, au début des années 1970, les Syriens les plus riches, les grands industriels, les grands commerçants, les grands patrons, s'étaient exilés, emportant avec eux leur savoir-faire, leurs forces, et laissant derrière eux une « économie socialiste » qui nous a fait crever de faim pendant des décennies. Peut-être certains le savaient-ils, mais ils n'osaient pas en parler : cette seule parole était considérée comme un acte de traîtrise. Le pouvoir n'était d'ailleurs pas hostile au fait que le peuple ait faim : en obligeant papa, en obligeant des millions de papas syriens à se crever à la tâche pour boucler chichement leurs fins de mois (« leurs milieux de mois », disions-nous), il les détournait de toute idée de rébellion. Quand, après quinze heures de boulots divers et variés, tu t'écroules sur ton lit pour voler quelques heures de sommeil, tu ne penses pas à la révolution. Le silence de nos parents a valu acquiescement. L'omniprésence des services de renseignements et de sécurité ont achevé de les museler. Ils se croyaient rebelles quand ils ont inventé un nouveau proverbe : « Ou bien *mkhalef*, ou bien *Makhlouf.* » *Mkhalef* signifie, en arabe, fraude. *Makhlouf* est le nom de la « belle-famille », celle de l'épouse de Hafez Assad, qui a mis la main sur toute l'économie du pays. Vous vouliez avoir la paix ? Ne pas être *mkhalef*, avec toutes les rudes conséquences que cela impliquait ? Il fallait donc graisser la patte aux Makhlouf. Les associer dans votre entreprise, qu'il s'agisse d'un commerce, d'une industrie. Leur offrir 50 % des parts et donc 50 % des bénéfices. Même la mafia, dans ses plus belles heures, n'avait pas osé aller aussi loin. Nos parents n'ont pas réagi face aux premières exactions ; la terreur n'a plus eu de limites, et ils ne réagissaient toujours pas. Ce n'est pourtant pas difficile de dire « non », nous l'avons prouvé. Nous en payons le prix ? C'est le prix de quarante ans de soumission, de servitude. La liberté n'a pas de prix. Enfin, presque : les bombardements aux armes chimiques alourdissent la facture. Les bombardements sauvages dits « conventionnels » (mais qu'est-ce qu'une convention ?) ne faisaient pas de quartier ; ceux-là sont comme des chambres à gaz. Notre peuple n'est plus massacré par le régime « à la dizaine », mais « à la centaine ». Images atroces qui tournent en boucle sur les chaînes de télévision, que je vois en mauve et blanc, les deux couleurs que m'offre mon poste. Mais je n'ai pas besoin d'en voir plus.

Pourquoi nous ? Pourquoi notre génération que certains appellent Y ? Mais c'est grâce à vous qui nous avez donné la technologie ! Ne nous reprochez pas, aujourd'hui, de rêver à une vie meilleure. Un jour, oui, un jour je serai médecin. En Syrie.

Table

Préface 7
Prologue 11

1. Zabadani 13
2. Mohamed 25
3. Sous mon niqab 41
4. Papa 57
5. Hamouda 71
6. Le prix d'un pull 87
7. Maman 97
8. L'exil 119
9. Raghad 137
10. Un jour, je serai médecin 153

La photocomposition de cet ouvrage
a été réalisée par
Graphic Hainaut
59163 Condé-sur-l'Escaut

Cet ouvrage a été imprimé en France par

CPI
BUSSIÈRE

à Saint-Amand-Montrond (Cher)
en octobre 2013

N° d'édition : 14985 – N° d'impression : 2005192
Dépôt légal : octobre 2013